dtv

dtv
_____
portrait

Herausgegeben von Martin Sulzer-Reichel

Carl-Ludwig Reichert, geb. 1946 in Ingolstadt. Schriftsteller, Musiker und Privatgelehrter. Freier Mitarbeiter des BR als Autor, Moderator und Regisseur. Publikationen zur Jugend- und Popkultur. Rundfunksendungen, Bücher, Schallplatten. Veröffentlichungen zur bayerischen Kultur- und Literatur- geschichte. Lebt in München und im Web unter http://www.calur.de. In der Reihe dtv portrait erschien von ihm der Band ›Frank Zappa‹.

Marieluise Fleißer

von Carl-Ludwig Reichert

Deutscher Taschenbuch Verlag

Weitere in der Reihe dtv portrait erschienene Titel
am Ende des Bandes

Originalausgabe
November 2001
© Deutscher Taschenbuch Verlag GmbH & Co. KG, München
www.dtv.de
Umschlagkonzept: Balk & Brumshagen
Umschlagfoto: © Stadtarchiv Ingolstadt
Satz und Layout: Agents – Producers – Editors, Overath
Druck und Bindung: APPL, Wemding
Gedruckt auf säurefreiem, chlorfrei gebleichtem Papier
Printed in Germany.   ISBN 3-423-31054-5

Inhalt

1 Marieluise Fleißer um 1926

Ingolstadt zum Beispiel

Zwei Dinge gleich am Anfang. Erstens: Ingolstadt liegt nicht in Niederbayern. Zweitens: Marieluise Fleißer hat nicht im »niederbayerischen« Dialekt geschrieben, sondern in einer stilisierten bairischen Kunstsprache, die ihre Wurzeln im Stadt-Dialekt von Ingolstadt, dem so genannten Schanzerischen, hat. Dennoch behaupteten etwa der Literaturwissenschaftler Theo Buck 1979 und seine Kollegin Angelika Führich noch 1992, Marieluise Fleißers Sprache sei »niederbayerisch«, Ingolstadt liege in der »niederbayrischen Provinz« oder benutzten, wie Walter

2 Modell von Ingolstadt,
erstellt von Jakob
Sandtner,
1571

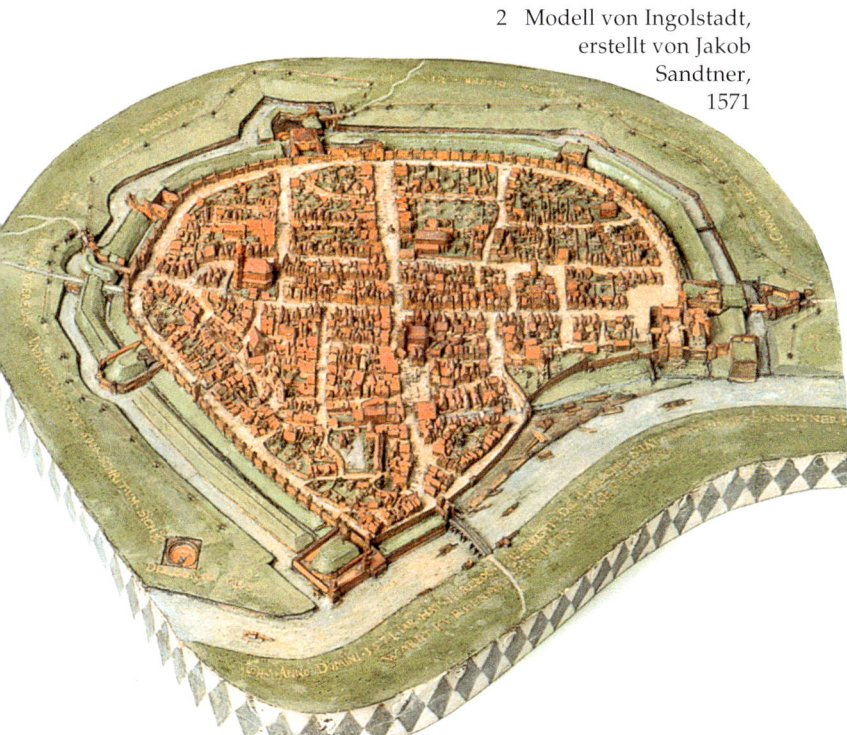

Schmitz, ein missverständlich ihr in den Mund montiertes Zitat Ödön von Horvaths, um sie tiefstmöglich in den Klischees der dumpfestmöglichen niederbayrischen Provinz zu verorten. Schade für Marieluise Fleißer, aber auch schade für Ingolstadt, das in der bairischen, der deutschen und der Weltliteratur immer wieder auftaucht, aber kaum je in seinem wahren Wesen erkannt worden ist. Denn der Sachverhalt ist viel komplizierter. So ist Ingolstadt entgegen dem gern zitierten Diktum bestimmt nicht die »schwärzeste Stadt« Bayerns – da dürften sich Straubing, Miesbach oder Altötting zu Recht beschweren –, aber eine mit einer gewaltigen Profilneurose, insbesondere seit dem Verlust der Landes-Universität an Landshut und später München. Diese Bedeutungsminderung hat die Stadt nie wirklich verkraftet, bis heute nicht. Denn seit der Stadterhebung um 1250 war es kontinuierlich aufwärts gegangen. Man hatte sich unter Ludwig IV. dem Bayern bedeutender Privilegien erfreut, man war zwischen 1392 und 1447 gar eine eigene politische Einheit gewesen, als Teilherzogtum Bayern-Ingolstadt unter Stephan dem Kneißl und Ludwig dem Gebarteten. Isabeau, Stephans Tochter, wurde sogar vom König von Frankreich zur Braut erwählt, ein Umstand, der nicht wenig zur finanziellen Konsolidierung beitrug, welche sich vor allem im Bau des Neuen Schlosses und des allerdings bis heute unvollendeten Münsters niederschlug. Die Landshuter Wittelsbacher strichen solchermaßen ein erfreuliches Erbe ein, nachdem Ludwig ohne Nachkommen verblieben war. Ihr Dank dürfte die Errichtung der ersten bayerischen Universität 1472 gewesen sein. Dass die

vgl. auch Kurt Scheuerers
homepage zur Stadtgeschichte
von Ingolstadt:
http://www.bingo-ev.de/
~ks451/ingolsta/index.htm

Lehrstühle überwiegend mit Jesuiten besetzt waren, störte bis zur Aufklärung kaum jemanden, außer die Protestanten, denen aus Ingolstadt der polemische Geifer der Gegenreformation heftig um die Ohren flog. Der militaristisch-theologische Komplex verstärkte sich, als Ingolstadt 1537 zur massiv umwallten Landesfestung wurde. Von den dortigen Strafarbeitern, den »Schanzern«, bezogen die Ingolstädter ihren bis heute gültigen Beinamen. »Die zwischendurch erneuerte Festung wurde 1800 von den Franzosen geschleift, jedoch von 1828 bis 1848 in ihrer zum Teil noch heute sichtbaren Anlage neu erbaut. Erst nachdem 1945 von den Amerikanern die Stadttore geöffnet worden waren, konnte sich die Stadt ohne Beengung ausbreiten«, schreibt Kurt Scheuerer.

Literarisch hatte die Stadt, die sintemalen einen Reisenden namens Dr. Faust per Ratsbeschluss aus ihren Mauern gewiesen hatte, von Anfang an ein ausgeprägt anti-

3 Ingolstadt im Dreißigjährigen Krieg

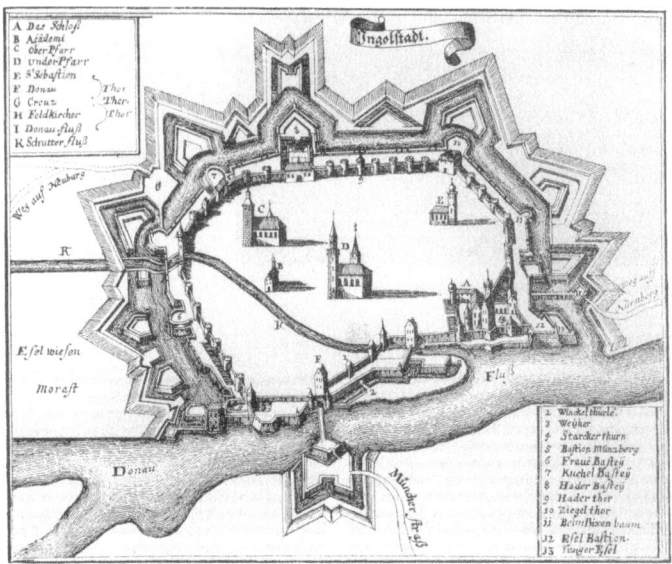

intellektuelles Image, zu dem die jesuitischen Klopf-Fech-
ter nicht wenig beigetragen hatten. Nach der Aufhebung
des Jesuiten-Ordens 1773 war der Anteil der Ex-Jesuiten
an der Universität immer noch hoch, allerdings waren
auch unter ihnen gemäßigte Aufklärer zu finden, wie etwa der Naturwissenschaftler Franz von Paula Schrank.
Ein überregional prominenter Vertreter der entschiede-
nen Aufklärung war der Jurist Ickstatt, dessen Ruhm sogar im zeitgenössischen Bestseller ›Siegwart‹ von 1776
besungen wurde. Der Autor Johann Martin Miller, aus
dem nahen Ulm gebürtig, ließ seinen unglücklichen und

4 Die Befestigungsanlagen von
Ingolstadt um 1700. Kupferstich
von Bodenehr

5 Die Lage von Ingolstadt ▶

noch viel mehr als Werther beweinten Helden natürlich
flussabwärts in Ingolstadt studieren. Ein Schüler und
Freund Ickstatts war der radikale Aufklärer und Professor des kanonischen Rechts, Adam Weishaupt, der durch
die Gründung seines verschrobenen konspirativen Ge-
heimordens der Illuminaten alle Wirrköpfe, Paranoiker,
Phantasten, Rebellen und Revolutionäre des 18. Jahrhunderts in seinen Bann zog, bis die durch Denunziationen
aufgescheuchte bayerische Regierung 1785 massiv und
unverhältnismäßig hart einschritt, den Orden verbot und
nicht allein seinen Gründer zur Auswanderung zwang.
Dabei hatte Weishaupt, selbst in jesuitischen Praktiken
erzogen, nur die Spitzeltechniken und Unterwanderungs-
Strategien der Jesuiten im Sinne der Aufklärung praktiziert und damit einige Freimaurerlogen sowie das Zen-
sur-Collegium in München zu dominieren vermocht.
Unter seinen Feldagenten fanden sich übrigens Intellektuelle von europäischem Rang wie Freiherr von Knigge
und Goethe, denen das klandestine Getue aber dann bald
zu viel wurde. Ingolstadt, das ist in diesem Zusammenhang wichtig, zeigte also seit dem 18. Jahrhundert spätes-

tens ein Doppelgesicht, war einerseits ein Hort der finsteren klerikalen Reaktion, andererseits ein Ort, an dem sich Widerstand und Rebellion dagegen manifestierten. Eine Stadt, die ein Potenzial unangepasster, wenn auch immer wieder unterdrückter Köpfe barg, das sich in der Folge zumindest untergründig als ständig virulent erwies. Ein Hauptgrund dafür war, dass sich die sozialen Spannungen unter den Bewohnern nicht ausgleichen ließen, da die Stadt aus drei fast gleich gewichteten, aber extrem verschiedenen Milieus bestand: den eingesessenen Handwerkern, Gewerbetreibenden und Zuwanderern aus dem ländlichen Umfeld, den in der Festung stationierten ortsfremden Soldaten und einer schmalen gebildeten Schicht von Stadtbürgern, Klerikern und Akademikern. Die Gegensätze prallten hart aufeinander, vor allem in den überaus zahlreichen Vergnügungs-Etablissements der Stadt – die auch heute noch überproportional mit Lokalen jeglicher Arten gesegnet ist. Es war der Reiseschriftsteller Johann Pezzl, vermutlich selbst Illuminat, der die Verhältnisse in seiner berühmten Reise durch den baierschen Kreis 1784 drastisch verdeutlichte und damit das Bild von Ingolstadt auf Jahrzehnte hinaus festschrieb, insbesondere für die Leserschaft außerhalb Bayerns, die schon von Friedrich Nicolais Bericht außerordentlich verängstigt worden war.

»Die Bayern sagen, Ingolstadt ist noch eine Jungfer. Dieß läßt sich jetzt nicht mehr behaupten. In ihren jüngeren Zeiten war diese Festung wirklich sehr standhaft. Gustav Adolf besonders hat ihre Sprödigkeit sehr empfindlich erfahren ...« Ihm war nämlich bei der Belagerung

Ingolstadt 1911 ...
Ingolstadt, unmittelbare Stadt im bayr. Reg. Bezirk Oberbayern, Festung, am Einfluß der Schutter in die Donau, 1905 23 432 E., Garnison, Amtsgericht, altes Schloß, got. Frauenkirche, Festungsbauschule; Pulvergeschoßfabrik, Geschützgießerei; 1472–1800 Universität (1800 nach Landshut, 1826 nach München verlegt).
Eintrag ›Ingolstadt‹ im Kleinen Brockhaus (1911)

im Dreißigjährigen Krieg das Pferd unter dem Leib erschossen worden. Die ausgestopfte Trophäe wird seit damals zum Staunen der heranwachsenden Jugend im Museum vorgezeigt.

»Obschon dieser Platz der einzige eigentlich befestigte in ganz Baiern ist, läßt man doch die Werke desselben ziemlich in Verfall gerathen. Vielleicht vertröstet man sich auf die Bravour des Teufels, der hier auf einem Bastion alle Mitternacht mit einer Kanone auf der Schulter Schildwache steht.«

Der Teufel hat bekanntlich fast überall in Bayern seine Spuren hinterlassen, nicht nur in der Liebfrauenkirche zu München. In Ingolstädter Sagen spielt er eine wichtige Rolle, vor allem, weil er mitten in der Stadt, an der Ecke Am Stein / Theresienstraße, einen Stein hingeschmissen haben soll. Typischerweise ein Fehlwurf, der eigentlich dem Münster galt. Gleich daneben befand sich später der Tabakwarenladen Haindl.

»Was auf den Festungswerken noch gearbeitet wird, geschieht durch Schanzer. – Diese bestehen aus unglücklichen Soldaten, welche wegen einer vorgenommenen Desertion oder irgend einem anderen Verbrechen auf 6, 10, auch mehrere Jahre nach Ingolstadt kondemniert werden, um bei Wasser und Brod, und in Eisen und Banden große Lasten zu ziehen, oder andere Arbeiten beim Fortificationsbau zu verrichten. Nichts ist trauriger als eine Troupp solcher Schanzer oder vielmehr solcher lebender Skeletons an einen schweren Wagen gespannt durch die Stadt ziehen zu sehen. ... Man erzählt hier schreckliche Dinge, die diese Leute oft unternommen haben, um sich

... und 1932
27 000 Einwohner, Bahnknoten; Metallwarenfabriken, Hüttenwerk, Lokomotiven, Glocken, Möbel; Schiffahrt; Reichsbahn; alte Befestigungen u. Gebäude. 1472 – 1800 Universität.
Eintrag ›Ingolstadt‹ in ›Meyers Kleines Lexikon‹ (1932)

zu befreyen. – Indessen wird der Zustand dieser Leute durch kleine Gutthaten, die ihnen sowohl von Bürgern des Orts als von den Akademikern zufließen immer in etwas gelindert.«

Auf diese Weise entstand wohl auch eine Tradition des Mitleids und der Mildtätigkeit, die noch den russischen Zwangsarbeitern im letzten Weltkrieg zugute kam, als einfache Handwerksfrauen ihnen heimlich Nahrungsmittel zusteckten, wenn sie durch die Stadt getrieben wurden, und sich auch durch Drohungen nicht davon abbringen ließen. Es werden sich auch wohl einige der soldatischen Verweigerer und Rebellen nach Verbüßung ihrer Strafen in der Stadt niedergelassen haben und so zum widerspenstigen Substrat beigetragen haben.

»Es vergeht kein Jahr, daß nicht das Militär und die Studenten in Handgemenge gerathen, die sich nicht sel-

In Ingolstadt konnte man aufwachsen und in Ingolstadt konnte man sterben. Leben musste man anderswo. Wer nicht wegkam, hatte es schwer, wie die Gestalten in Marieluise Fleißers Neubearbeitung ihres Ingolstädter Romans ›Eine Zierde für den Verein‹, in dem sie sich die Stadt Ende der Zwanzigerjahre zu vergegenwärtigen suchte: »Die Altstadt hat neun Kirchen, ein Männer- und zwei Frauenklöster. Sie hat vier Hauptstraßen, die genau im Zentrum ein Kreuz bilden ... Die Stadt hat viele Häuser, die schon zur Zeit des dreißigjährigen Krieges standen. Sie hat einen Moorbach, der teilweise unterirdisch durch die halbe Stadt läuft und an dessen Lauf die Gärtner und Färber sich angesiedelt haben. Sie hat einen breiten Fluß, der nicht schiffbar ist, eine steinerne Brücke für Fußgänger und Lastwagen und eine Eisenbahnbrücke aus Stahl ... Sie hat außerhalb des mittelalterlichen Kerns neugebaute Beamten-, Villen- und Arbeiterviertel, die längst zur Größe der Altstadt angeschwollen sind oder drüber hinaus, die aber durch den veralteten Festungsgürtel, durch den Fluß, das Moorgelände und das selten unterführte Schienennetz unglücklich von ihr abgeschnitten bleiben. Sie hat Volksschulen und Mittelschulen, eine Gewerbeschule, eine Sonntagsschule für Dienstmädchen. Sie hat zwei Sportvereine, verschiedene Innungen und als lebendigen Überrest aus dem Mittelalter die mächtige Zunft der Schornsteinfegermeister. Sie hat im alten Kern vier privilegierte Apotheken.« (GW II, 108–109)

ten mit Blutvergüßen, mit Wunden und Tod enden...
Kein Hof, kein Adel, selbst kein Halbadel ist da, der sie
durch das Beispiel und die Vorzüge einer feinen Lebensart zahmer machen könnte. Die Bürger, welche unvermö-
gend sind, und hauptsächlich von den Studenten leben
müßen, schmiegen sich selbst in die Launen ihrer Tisch-
genossen, nur damit sie mehrere bekommen, die sie denn
auch hernach wacker zu scheren wissen.«

Als, wie auch Pezzl dieser Zustände wegen empfahl,
die Universität 1800 nach Landshut verlegt wurde, erlitt
die städtische Ökonomie drastische Einbußen. Auch das
soziale Gefüge kam für lange Zeit in eine noch unvor-
teilhaftere Schräglage. So weist die Statistik Mitte des
19. Jahrhunderts fast doppelt so viel Militär wie Bürger-

6   Einen Gutteil ihres Lebens
verbrachte Marieluise Fleißer
hier: Die Theresienstraße in
Ingolstadt

schaft auf. Daraus allerdings eine provinzielle Idylle zu konstruieren, in der spitzwegisch-kleinbürgerliche Milieus konserviert wurden, wie manche Fleißer-Exegeten behaupten, geht voll daneben. Ingolstadt war exakt das Gegenteil einer Idylle, eine Stadt, die weder verkehrstechnisch allzu »abgelegen« war, vielmehr ein Eisenbahn-Knotenpunkt, noch ökonomisch mit dem viel zu fernen München wetteifern konnte, sondern ihr eigenes Umland in den wie überall in Bayern eher spät einsetzenden Industrialisierungsprozess so gut wie möglich integrierte. Die sozialen Spannungen wurden dadurch nicht geringer, woran aber womöglich der reaktionäre klerikale Einfluss, der seit Jahrhunderten auf der Stadt lastete, einen weit höheren Anteil hatte als gemeinhin vermutet. Es waren die katholische Heuchelei und Doppelmoral, es waren Hinterhältigkeit, Gemeinheit, Missgunst und vor allem die unterdrückte Sexualität, die allen Kirchenkritikern und Satirikern seit jeher immer guten Stoff lieferten, die ein freies, anständiges und erfülltes Leben in Ingol-

Niederbayern und Wissenschaft

Theo Buck in ›Text und Kritik 64‹, München 1979, S. 50: »Darum bevorzugte sie die niederbayerische Sprachprovinz mit ihrer (für den Außenstehenden) verqueren Ausdrucksweise.«

Angelika Führich in: ›Aufbrüche des Weiblichen im Drama der Weimarer Republik‹, Heidelberg 1992, S. 41: »Mit dem Personal ihrer Ingolstädter Stücke erfaßt Fleißer besonders Jugendliche, die in den provinziellen Verhältnissen Niederbayerns aufwachsen.«

Walter Schmitz in ›Text und Kritik 64‹, München 1979, S. 50 und S. 71, vgl. Anmerkung 46

Wohl in der Folge heißt es dann auch bei Donna L. Hoffmeister in: ›The Theater Of Confinement: Language and Survival in the Milieu Plays of Marieluise Fleißer and Franz Xaver Kroetz‹, Columbia 1982, auf S. 22: »Marieluise Fleißer is sensitive to the subtleties of human communication, and particularly to the phraseology, cadences, and expressions of lower Bavaria.«

»Von wannen kommt dir diese Wissenschaft?« Schiller, ›Die Jungfrau von Orleans‹, 1801

stadt unmöglich machten. Allerdings lagen die Verhältnisse in schwäbisch-pietistischen oder preußisch-lutheri-
schen Kleinstädten der Zeit auch nicht viel besser. Die
Kirchen hatten sich mit der Staatsmacht des Deutschen
Reiches profitabel arrangiert und steuerten ihr Scherflein
zur Abrichtung der Untertanen bei. Kleinbürgerliche Ego-
ismen wie Geldgier und rücksichtslose Vorteilsnahme
korrespondierten reibungslos mit einem flachen Sonntags-
christentum, das aber rigoros auf Kurs gehalten wurde
und Abweichler ächtete und bestrafte. In Ingolstadt, das
solchermaßen jeglicher Idylle entbehrte, traten die Brüche
eher krasser hervor als etwa im urbanen München, das
bald den nächstgelegenen Fluchtpunkt aus der bigotten
sozialen Kontrolle, die den Alltag in kleinen Ortschaften
so entsetzlich machen kann, bildete. Es war in Ingolstadt
wie überall sonst auch, womöglich sogar noch ein wenig
härter. Es ist also eine treffende Ironie der Literatur-
geschichte, dass die blutjunge Mary Shelley 1819 Victor
Frankensteins schreckliches Monster aus Leichenteilen

Ingolstadt

Johann Pezzl: ›Reise durch den baierschen Kreis, Salzburg und
Leipzig 1784‹. Faksimileausgabe München 1973

Friedrich Nicolai: ›Beschreibung einer Reise durch Deutschland und die Schweiz im Jahre 1781‹, Berlin und Stettin 1783 –
1796

Johann Martin Miller, Siegwart. ›Eine Klostergeschichte‹, Leipzig 1776. Faksimile Stuttgart 1971

»Herr von Eller fragte sie nach verschiedenem …, denn er selbst
war ein guter Alterthumskenner und ein Freund der alten Literatur … Er rieth ihnen, sich in Ingolstadt, wegen des Griechi-
schen, an den alten Ickstadt zu wenden, der es in diesem Fach
ausnehmend weit gebracht habe, und zuweilen privatissima
über den Homer, und andere Griechen lese. Auch rühmte er ihnen den Prof. Lory (der jetzt geadelt und geheimer Rath zu
München, auch Präsident über die Universität Ingolstadt ist), als
einen Mann, dessen Herz und Verstand, und Gelehrsamkeit
gleich groß sey.«
Mary Shelley: ›Frankenstein‹, 1819

des Ingolstädter Friedhofs zusammengeflickt sein ließ.
Ein stärkeres, klareres Symbol für die thanatale materiel-
le Grundlage des Fortschrittdünkels ist kaum vorstellbar.
In Ingolstadt selbst sagt man praktisch-knapp dafür: »Es
dodelt.«

Kinderland Kupferstraße

Die ideologische Konstruktion der Familie als Keimzelle bürgerlicher Ordnung beruht bis zum heutigen Tag auf entsprechenden Fabrikationen des rheinländischen Karrieristen Wilhelm Heinrich Riehl, der es – wie andere Zugereiste damals auch – Mitte des 19. Jahrhunderts unternahm, den katholischen Bayern in den bedrohlichen Zeiten der Industrialisierung und des Frühkapitalismus romantisierend den Rücken zu stärken. Sein vierbändiges Traktat ›Die Naturgeschichte des Volkes als Grundlage einer deutschen Social-Politik‹ (1851–1869), insbesondere die Bände ›Land und Leute‹, ›Die bürgerliche Gesellschaft‹ und ›Die Familie‹, ist bis heute die sozialpolitische Bibel christlicher Politiker geblieben, auch wenn die Fakten heutzutage noch weniger stimmen als damals. Der Grund für Riehls rückwärts gewandte Anstrengung lag auf der Hand. Die Industrialisierung hatte den alten Stände-Staat und den Feudalismus obsolet gemacht, wenn auch Ersterer in Form der Handwerkskammern für die Mittelschicht bis heute protektionistisch etabliert blieb. Am härtesten traf es die ländlichen Großfamilien, deren Ausbeutung auf Gegenseitigkeit nicht mehr funktionierte und denen die meist unterbezahlten

Die Kupferstraße war eine schöne Straße zum Spielen, oben bei der Oberen Pfarr war sie durch die Konviktkaserne abgeschlossen, die hier mit dem vorderen Zipfel ein wenig in die Gerade hineinstieß. Die Kupferstraße war eine Schulkinderstraße. Das hörte man, ohne aus dem Fenster zu sehn, an dem Stimmengeschwirr jeden Tag um acht Uhr, um zwölf Uhr, um zwei Uhr, um vier Uhr. Gleich links gegenüber hatten wir das schwarze Schulhoftor der Volksschule für Mädchen, die zum Kloster Gnadenthal gehörte, ein paar Häuser weiter oben hinter dem Hafner Bleimeier stand die Töchterschule.

Marieluise Fleißer (GW IV, S. 465 ff.)

Literatur

W. H. Riehl (1823–1897), Werke

dazu Ingeborg Weber-Kellermann: Die deutsche Familie, 1974, S. 107 ff.: »Riehls Vermutung also, daß die Familie verkümmern werde, wenn ihr durch den Verlust des ›Hauses‹ und des breiten sippenmäßigen Hintergrundes der ökonomische und geistig-seelische Nährboden entzogen sei, erwies sich als weitgehend unbegründet. Im Gegenteil: die Werte des Gefühls und der Liebe erhielten eine Aufwertung für Eheschließung und Familienleben, wie sie ihnen vorher nie beschieden gewesen war. ... Neben dem mit allen patriarchalischen und vormundschaftlichen Rechten ausgestatteten pater familias, der außerhalb des Hauses dem Berufe und Gelderwerbe nachging, waltete als Gegenpol am häuslichen Herd die Mutter, die züchtige Hausfrau, deren Aufgaben sich auf die Pflege des Haushalts und die Aufzucht der Kinder konzentrierten.«

und schlecht behandelten Mägde und Knechte davonliefen – meist in die nächstgelegene Großstadt, wo sie ein leichtlebiges Lumpenproletariat bildeten. In Kleinstädten gelang es alteingesessenen Familienverbänden, die Dinge noch längere Zeit selbst im Griff zu halten und das Prinzip der ländlichen Großfamilie, notfalls mit Druck, zu bewahren, insbesondere dort, wo man Haus, Grund und Boden sein Eigen nannte. Eine Familie dieser Art war es, in die Marieluise Fleißer laut Geburtsurkunde am 22. November 1901 als Luise Marie hineingeboren wurde. Sie selbst hielt nach Auskunft ihrer Mutter den 23. November für ihren Geburtstag. Sie war das zweite Kind Heinrich Fleißers, Jahrgang 1868, und seiner Frau Anna, Jahrgang 1874. Geburtshaus und Werkstatt in der Kupferstraße

Wenn mein Vater, der ein Geschmeidemacher war, seinem Handwerk nachging, blieben die Schulkinder gern vor der Werkstatt stehn. Sie schauten durchs Fenster zu, wie der Lehrbub unter der uralten gewölbten Esse das offene Feuer anfachte ... Dann sahen sie meinen Vater mit dem langen Lederschurz wie einen König dastehn und dem weiß gehitzten Eisen zwischen Hammer und Amboß den Gehorsam aufzwingen.

Marieluise Fleißer: ›Kinderland‹ (GW IV)

hatte Heinrich von seinem Vater Andreas geerbt. Heinrich Fleißer war von Beruf Zeugschmied und Geschmeidemacher, also gut und vielseitig ausgebildet. Zudem schien das Gewerbe in einer Zeit, als das Militär noch stark beritten war und eine Pferdebahn fuhr, recht aussichtsreich. Generell aber waren die ökonomischen Perspektiven seit der Verlegung der Universität vor einem halben Jahrhundert nicht mehr gut.

»Für die Ingolstädter ist das fest stationierte Militär die wichtigste Einnahmequelle. Die Bauern der Umgebung verkaufen ihre landwirtschaftlichen Produkte in der Stadt und erwerben, was sie an Gerätschaften benötigen. Neben den Rüstungsbetrieben … gibt es kaum Industrie. Die

7 Das Elternhaus in der Kupferstraße. Aufnahme von 1910

mittelständischen Familienbetriebe dominieren ... Luise Marie wächst auf in einem kleinbürgerlich-provinziellen Milieu, das von ländlicher Lebensart geprägt ist: von patriarchalischem Denken und religiöser Gesinnung, von überschaubarer Enge und Familienbewußtsein.«

Mit diesen Worten beschrieb Günther Lutz in seiner wertvollen und gründlichen Fleißer-Biographie 1989 das Milieu, in dem das Kind heranwuchs und das es viel später vor allem in der Erzählung ›Kinderland‹, abgedruckt erstmals in der ›Süddeutschen Zeitung‹ vom 22. Dezember 1950, stilisieren, fast schon verklären sollte.

Luise Marie war ein Vaterkind.

Heinrich Fleißer muss ein selbstbewusster, den Durchschnitt des Handwerkerstandes überragender Mann gewesen sein. Davon zeugten nicht zuletzt seine kulturellen Interessen und sein teilweise extravaganter Lebensstil, der

> Mein Vater Heinrich ... war als echter Fleißer zu den Wallungen jäher Heftigkeit ziemlich geneigt, hielt sich aber, weil er dies wußte, aus Auseinandersetzungen gern heraus. Im ganzen war er eine beschauliche Natur ..., nannte sich einen Philosophen, wurde übrigens als junger Mensch von der Zivilisation erfaßt und schwärmte für Salome und Oscar Wilde. Damals war er ein schmucker junger Mann in seinem Radfahrerkostüm, wie noch alte Fotos zeigen, er fuhr eines der ersten und damals noch sehr teuren Fahrräder in Ingolstadt, ein Hochrad, worüber es mit seinem Vater zu einem fürchterlichen Streit kam, später ergab er sich der Eisenbahn mit Haut und Haaren, er trieb das Eisenbahnfahren als Sport. Nachdem er seinen Vater beerbt hatte, wurde er ein leidenschaftlicher Münchenfahrer und war in München überall dort anzutreffen wo es einen guten Wein gab; ich war als junges Mädchen mehr wie einmal dabei, wenn er bei vorgerückter Stunde der Blumenfrau ihren ganzen Korb abkaufte und ihn an die anwesenden Damen verteilen ließ. Der Vater galt alles. ... Bei der Frau war es den Kindern zu eng, im Kopf war sie so zäh, mit der neuen Zeit kam sie nicht mit. Die neue Freiheit lag in der Luft und machte sie wild, schon diese Kinder. Die Ärmel wurden ihnen zu kurz, sie ließen sich nichts mehr sagen. Sie konnten auf und davonlaufen, wenn es sie packte. Die reinsten Gassenbesen waren sie bald. Sie lernten auf der Gasse das Glück.
>
> *Marieluise Fleißer (GW IV, S. 465 ff.)*

nicht nur seiner Lieblingstochter imponiert haben dürfte. Die Mutter blieb solchermaßen blass, wenn auch geliebt. Sie starb schon 1918. »Als Mutter nicht mehr lebte, war es kein Weihnachten mehr.«

Der fünf heranwachsenden Kinder – vier Schwestern, ein Bruder – konnte sie kaum Herr werden. Herr im Haus war nur Heinrich Fleißer, der die Qualitäten eines traditionellen Hausvaters vielleicht am deutlichsten verkörperte, wenn er seinen Beruf demonstrierte.

8 Der Vater Heinrich Fleißer (1868–1946)

Die Kupferstraße war ein ausreichend großes Areal für die Abenteuer des Alltags. Die Kinder hatten dort Bewegungsfreiheit, waren aber vor den unbekannten Gefahren anderer Nachbarschaften geschützt.

»Ich konnte zum Hafner Bleimeier hinauflaufen, dem Gesellen zuschaun, wie auf der Drehscheibe die weichen Lehmtöpfe wuchsen. Ich konnte im Bäckerhof drüben aufpassen, was der Bäcker mit seinem Teig machte. Wir

9 Die Mutter, Anna Fleißer,
geb. Schmidt (1874–1918),
mit den Großeltern. Fotografie,
um 1900

hatten einen Schlosser, einen Schreiner, einen Schuster, einen Sattler in der Straße, einen Metzger, seine Schweine schrien mörderisch in aller Früh, wenn sie auf den Viehwagen hinaufgezerrt wurden, der sie zum Schlachthof brachte, einen Stadtbauern, zwei Bäcker, die Tandler-Meierin, eine Bettfedernreinigungsanstalt und verschiedene Geschäfte, vom Pfarrhaus und den Schulen gar nicht zu reden, überall konnte man stillschweigend hineinschlüpfen und eine Zeitlang zuschaun, wenn man dem Fleißer gehörte, bis man dann doch im Weg herumstand und auf sanfte Art hinausgeschafft wurde.«

Die Großmutter, vor allem solange sie im eigenen Haus wohnte und nicht, wie später, von ihrem Schwiegersohn des Erbes wegen unter Druck gesetzt, bei ihm unterm Dach, war die spannende Alternative, wo man gelegentlich auch übernachten und sich gruseln konnte. Sie bekam infolgedessen auch ihre eigene Erzählung, ›Das kleine Leben‹, die in der Überarbeitung schließlich ›Des Staates gute Bürgerin‹ hieß.

»Sie hatte neun Kinder geboren und hatte kein einziges mehr und wußte nicht mit der Liebe wohin. Die Enkel, die würden gehn ganz von selber, das sah sie schon kommen, die hatten vom Vater ein Teil.«

Es war die Großmutter, die der Fünfjährigen das Stadttheater zeigte und damit der kindlichen Phantasie einen neuen Abenteuerraum erschloss – für immer. Luis, wie das Mädchen daheim genannt wurde, erwies sich als musisch begabt. Auch hierin glich sie dem Vater, ja sogar dem Urgroßvater Peter Fleißer, der seinerzeit ein Liebhabertheater betrieben hatte. Ähnlich beeindruckt waren

Ich habe schon als Kind häufig Puppentheater nach Märchen, ohne jede Vorbereitung und aus dem Stegreif gespielt. Ich habe dafür gegen einen Pfennig Eintritt die Kinder der Kupferstraße eingeladen und hatte immer soviel Kinder bei meinen Vorstellungen, daß ich sie kaum auf den Stühlen unterbringen konnte.
Marieluise Fleißer an Günther Rühle, 1972

die Kinder von der volkstümlichen Theatralik katholischen Brauchtums, etwa den Kripperln, die man zur Weihnachtszeit aufbaute. Exotik und Pragmatik verbanden die zum Zweck des Geldspendens aufgestellten Zehnerlneger, die mit ihren Holzköpfen nickten, auch wenn man nur einen Hosenknopf einwarf. Als Schwester Anny dann einmal einen echten Negerbuben zu Gesicht bekam, soll sie laut Günther Lutz so angerührt gewesen sein, dass sie tatsächlich in die Heidenmission ging. Allerdings wurde – typisch katholischerweise – nichts aus ihrem Kinderwunsch.

Luis war es zufrieden, dass in den Krippenbildern unter den hartherzigen Leuten, die Maria und das Jesuskind von der Schwelle wiesen, kein Schmied dabei war. Da stand der Vater um so besser da, als Vorbild der Männlichkeit und der Selbstbehauptung. Dass sie später auch gegen ihn rebellierte, nicht gegen den Menschen und Vater, sondern gegen den Typus, mag Marieluise Fleißer nur ganz insgeheim bewusst gewesen sein. Nach außen überwogen immer die Worte der Bewunderung.

Im Notfall ein starker Beschützer, doch im Konfliktfall ein unüberwindliches Hindernis – das Männerbild, das sich solchermaßen dem Kind einprägte, entsprach durchaus dem gängigen patriarchalischen Idol vom gestandenen

Er war nacheinander mit zwei Frauen verheiratet und hat mit jeder von ihnen wunderbar gelebt, ein reiches Leben, wie die Menschen, die ihn kannten, noch heute von ihm sagen. Alle seine Kinder hingen mit starker Bindung an ihm wie an einer zentralen Sonne. Je älter er wurde, desto mehr Geschmack fand er an seiner Werkstatt, weil die Arbeit am Amboß ihn gesund erhielt, wie er sagte. Er hielt sich bis ins hohe Alter rüstig, und als einmal ein hartgesottener Besucher, auf den mein Vater schon lange geladen war, sich nicht abweisen ließ und sein Anliegen gegen den Widerstand meines Vaters durchsetzen wollte, da ließ ihm mein Vater in Androhung des Kommenden einen ganz großen Satz sagen: »Ich bin zwar siebzig Jahre alt, aber ich bin ein Schmied und kann immer noch einen Zentner stemmen«, worauf der Besucher es vorzog, zu gehn.

Marieluise Fleißer über ihren Vater

Mannsbild, das unter der leichten Tünche von Zivilisation und bürgerlicher Konvention immer schnell aktivierbar war, vor allem im Fall eines jähen Zorns, der Widerspruch kaum zuließ und Zuwiderhandeln nur schwer duldete.

Wer sich freilich in der Glanzrolle von Vaters Lieblingstochter sonnen konnte, hatte eine vergleichsweise unbe-

10 Die drei Fleißer-Schwestern
Jetty, Anny und Luis bei einem
Kinderfasching

schwerte und aufregende Kindheit, war von den lästigen Alltagspflichten des Haushalts zwar nicht gänzlich befreit, aber doch von einigem verschont und durfte sich vor allem intellektuell betätigen – eine absolute Ausnahme in kleinbürgerlichen Milieus der damaligen Zeit.

Kleist im Regensburger Internat

Zu allen Punkten der Mädchenbildung machte sich die Notwendigkeit einer Reform fühlbar; bis in die konservativen Kreise hinein war man davon durchdrungen, daß etwas geschehen müßte, um die Bildungsgänge der Mädchen zu ordnen und bis zur Universitätsreife sicherzustellen.«

So beschrieb 1908 die Frauenrechtlerin Agnes von Zahn-Harnack in ihrem weit verbreiteten Buch ›Die Frauenbewegung‹ die Situation weiblicher Bildung vor der Reform der Mädchenbildung.

»Vom Verwaltungsstandpunkt war der Zustand des Mädchenschulwesens ein grauenhaftes Chaos: städtische, staatliche und private höhere Mädchenschulen, einige mit

11   Blick auf das Treppenhaus des »Instituts der Englischen Fräulein« in Regensburg. Fotografie, um 1920

zehn, andere noch mit neun Schuljahren; private Gymnasialkurse in Norddeutschland, reguläre Mädchengymnasien in Baden, daneben Pressen aller Art und überall der Versuch, die Koedukation, nämlich die Aufnahme von Mädchen in Knabenanstalten, durchzusetzen – meist unternommen von Vätern, die keinen anderen Weg sahen, um ihren Töchtern eine höhere Schulbildung zu verschaffen ...«

Heinrich Fleißer wählte für seine begabte Lieblingstochter Luis den einfachsten, aber auch nicht billigen Weg: das Internat. Marieluise Fleißer gab über ihren Bildungsweg und über diesen Lebensabschnitt in ihrer knappen biographischen Skizze von 1972 Auskunft:

»1907 Eintritt in die Volksschule. Zwei Jahre später Übertritt in die Töchterschule.

1914 geht sie nach Regensburg in das Mädchenrealgymnasium, das mit einem Internat der Englischen Fräulein verbunden ist. Grund: damals dürfen in Ingolstadt Mädchen noch nicht ins Knabengymnasium gehn. Aufnahmeprüfung noch im Frieden.«

Bei ihrer Ankunft schon waren Teile der Anstalt, die man in der ersten Kriegseuphorie gleich zum Lazarett umgewidmet hatte, mit verwundeten Soldaten belegt. Die Schuluniformen der pubertierenden Zöglinge passten da gut ins Bild. Sie dürften freilich eher sexuelle als patriotische Aufwallungen bei den hospitalisierten Männern und den kasernierten Nonnen-Rekrutinnen erzeugt haben.

Den Nonnen war die pikante Situation willkommener Anlass, ihr bekanntes und elterlicherseits meist erwünsch-

Die Oberin hat in der ersten Kriegsbegeisterung die Räume zur Verfügung gestellt, weil sie glaubt, der Krieg sei bis Weihnachten schon wieder aus. Sie kämpft dann jahrelang, um die Räume freizubekommen. Die Mädchen dürfen im Garten nicht zu den Soldaten auf der Terrasse hinaufsehn. Die Soldaten werfen Zettel herunter.

Marieluise Fleißer (FMB)

tes strenges Regiment über die jungen Mädchen auszuüben. Es war Törleß-Zeit für Internatsinsassen. Es war
Kleist-Zeit für Eroberer und Eroberte.

Kleist jedenfalls war streng verboten. Marieluise Fleißer:
»1916. Ein Mitzögling wird von Internat und Schule ver-
wiesen, weil sie der Fleißer auf dem Schulspaziergang
Die Marquise von O. erzählte … Die Fleißer entgeht, weil
sie zuhörte, nur knapp demselben Schicksal.«

Was verboten war, machte auch damals schon scharf.
Kleist war somit der Allerschärfste. Hieß zudem mit Vor-
namen wie der Vater. Mit fünfzehn spielte das möglicherweise unbewusst auch eine Rolle. Marieluise Fleißer
hat ihn lebenslang gelesen und häufig seinen Einfluss be-
tont.

»Im gleichen Jahr (1916) Malträtierung vom Katheder
herunter durch eine Mathematiklehrerin, die auf sie her-
unterspuckt und sie mit Beleidigungen überschüttet, die
Fleißer ahnt nicht warum.«

Die Schikanen der Nonnen – ihren Zöglingen gegenüber,
aber auch untereinander – waren seit jeher vielfältig und
wie man aus der einschlägigen Literatur seit Diderot

Die Marquise kam, mit ihren beiden Kindern, auf den Vorplatz
des Schlosses, wo die Schüsse schon, im heftigsten Kampf, durch
die Nacht blitzten, und sie, besinnungslos, wohin sie sich wenden solle, wieder in das brennende Gebäude zurückjagten. Hier,
unglücklicherweise, begegnete ihr, da sie eben durch die Hinter-
tür entschlüpfen wollte, ein Trupp feindlicher Scharfschützen,
der, bei ihrem Anblick, plötzlich still ward, die Gewehre über
die Schultern hing, und sie, unter abscheulichen Gebärden, mit
sich fortführte. Vergebens rief die Marquise, von der entsetzlichen, sich untereinander selbst bekämpfenden Rotte bald hier-,
bald dorthin gezerrt, ihre zitternden, durch die Pforte zurück-
fliehenden Frauen, zu Hülfe. Man schleppte sie in den hinteren
Schloßhof, wo sie eben, unter den schändlichsten Mißhandlun-
gen, zu Boden sinken wollte, als, von dem Zetergeschrei der Dame herbeigerufen, ein russischer Offizier erschien, und die Hun-
de, die nach solchem Raub lüstern waren, mit wütenden Hieben
zerstreute. Der Marquise schien er ein Engel des Himmels zu sein.
Heinrich von Kleist, ›Marquise von O‹

weiß, einfallsreich, hinterhältig sowie darauf abgestellt, geistigen und körperlichen Widerstand zu brechen. Aber alles ging selbst im Wilhelminismus nicht. »Die Klassengefährtinnen beschweren sich in Briefen an ihre Eltern. Die Lehrerin wird vom Schuldienst zurückgezogen.«

Der Krieg zudem entschuldigte fast jede disziplinarische Maßnahme. Deswegen lernte auch die ehrlichste Haut die List der Notlüge und die Tugend der Heimlichkeit. Und in den jungen Herzen nistete sich der Aufruhr ein, um gegebenenfalls zu explodieren – eine exakte Parallele zu den Unmenschlichkeiten, die den Soldaten im Krieg von ihren Befehlshabern zugemutet wurden und die dann im Aufstand von Kronstadt und in der Räterevolution ihre Antwort fanden.

Während sich danach aber immerhin noch die Militaristen aller Länder gegenseitig die Kriegsschuld zuzuschie-

12 Lazarett im Kriegsjahr 1917

ben versuchten, blieb es einem Analytiker unserer Zeit, Heiner Geißler, vorbehalten, den Pazifismus als letzthinnige Ursache von Kriegen zu identifizieren – nicht gerade ein Beweis für intellektuellen Fortschritt seit Kleist.

Marieluise Fleißer las heimlich weiter. Nicht nur Kleist. »1917. Sie liest heimlich die Romane von Strindberg, wobei sie das Buch auf dem Schoß und ein Lernbuch auf dem Pult liegen hat. Sie lernt schnell, vergißt auch schnell.«

Inzwischen war vom Sieg im Weltkrieg, den der deutsche Militarismus entfacht hatte, kaum mehr die Rede, außer in der Propaganda. Der Blutzoll war ungeheuerlich. Vor allem auch die jungen Frauen, die zum Lazarettdienst herangezogen wurden, sahen die entsetzlichen Folgen des modernen Massenvernichtungs-Krieges, die Opfer seiner grausamen Maschinerie.

Die Versorgungslage im Reich war von Jahr zu Jahr schlechter geworden, allen Durchhalteparolen zum Trotz. Große Teile der Zivilbevölkerung litten an Hunger und Mangelerscheinungen. Krankheiten breiteten sich aus.

Ein Mann, der nicht narkotisiert war, lag auf der Bahre, ein Leintuch war über ihn gebreitet, nur ein Stück seines Leibes blieb unbedeckt. Ein einziger Messerstrich ließ einen roten Schnitt aufklaffen, und aus dem Inneren quollen die Gedärme heraus. Der Mann gab keinen Laut von sich, nur das Tuch, unter dem er lag, hob und senkte sich. Die Ärzte begannen die Gedärme in den Leib zurückzustopfen, aber sie quollen wieder hervor. Das war nicht vorgesehen: Man drückte sie hinein, aber sie sprangen immer wieder hervor. Dies dauerte drei Stunden lang … Am Ende kam ein Oberarzt mit dem Auto angefahren, ein berühmter Spezialist für solche Operationen, und nähte den Leib rasch zu. – Es war am gleichen ersten Tag, als man mir im Verbandsaal einen nackten, zitternden Menschen übergab, dem die Schußwunde, faustgroß, durch den ganzen Körper, zum Rücken hinein und zur Brust heraus ging. Ich mußte ihm die Öffnung mit Verbandgaze zustopfen, die an einer Pinzette aufgespießt war, kein Ende nahm und doch nicht zureichte, weil die Wunde zu groß und nicht auszufüllen war.

aus: Paula Schlier, ›Petras Aufzeichnungen‹ (1926).
Paula Schlier stammt aus Neuburg an der Donau,
also nur wenige Kilometer von Ingolstadt entfernt.

Die Familie Fleißer blieb nicht verschont. »1918. Herbst Lungenentzündung mit schwerer Gehirnhautreizung. Am 14. Dezember stirbt ihre Mutter, die sie gepflegt hat, an der damals grassierenden Grippe.«

Der militärischen Niederlage folgten Soldatenaufstände, die das Kaiserreich vollends hinwegfegten, sehr zum Kummer der alten Anstifter und neuen Revanchisten, die flugs die »Dolchstoß-Legende« erfanden, um aus den bitteren Härten des von den Siegermächten diktierten Friedensvertrags neuen Zündstoff zu gewinnen. Anfangs aber siegten zumeist die Befürworter der Rätesysteme nach sowjetischem Vorbild. In Bayern beendete Kurt Eisner die Herrschaft der Wittelsbacher und proklamierte den

13 Die Abiturklasse in Regensburg. In der dritten Reihe, als zweite von links, ist Marieluise Fleißer zu sehen.

Freistaat, der sich bis heute einigermaßen gehalten hat.
Auch in Ingolstadt wurde scharf geschossen. Der auf-
rechte Sozialist Georg Fischer berichtete: »In Ingolstadt
kam die Räterepublik erst gar nicht zur Konstituierung.
Der Versuch von USPD-Leuten und Kommunisten, die
Kommandantur am Rathausplatz in der Nacht durch ei-

14 Die 18-jährige Marieluise

nen Handstreich zu nehmen, schlug fehl. Das einzig Bemerkbare dieses Ereignisses war das Hinken eines USPD-Führers, der einen Schuß in das Gesäß bekommen hatte. So still war es um die Räterepublik in der Schanz.«

Und in Regensburg? »Die Revolution trägt ihre Ausläufer auch in das Internat. Die Schülerinnen kämpfen sich frei von der Briefzensur.«

Im Sommer 1920 machte Luise Marie das Abitur. Mittelbar profitierte sie auch von den Errungenschaften der Revolution. Die Frauenemanzipation hatte hier grundlegende Erfolge zu verbuchen, wie Ingeborg Weber-Kellermann 1974 feststellte.

»Die Revolution von 1918 brachte den deutschen Frauen endlich das aktive und passive Wahlrecht. Die Frauenbewegung veränderte auch das äußere Bild der Dame, ihre Kultur, ihre Mode. Kostüm und Hemdbluse wurden zum beliebten Anzug der emanzipierten Frau. Aber auch wenn die Frauen nun endlich aus den entwürdigenden Fesseln befreit wurden, die ihnen die patriarchale Gesellschaftsordnung des Großbürgertums im 19. Jahrhundert angelegt hatte, so blieb der Sieg doch ein halber.«

Denn er betraf im Wesentlichen nur die allein stehenden Frauen, also Kriegswitwen, zölibatäre Lehrerinnen und Studentinnen, solange sie studierten. Es verhielt sich, wie Elisabeth Pfeil in ihrem Buch ›Die Frau in Beruf, Familie und Haushalt‹ schrieb, »die bürgerliche Frauenbewegung bejahte, forderte und erkämpfte einen Beruf vorzüglich nur für die alleinstehende Frau: die Frau vor der Ehe, die dauernd ehelose Frau, allenfalls die Ehefrau ohne Kinder: Beruf *oder* Mutterschaft. Doch eine wachsende Anzahl

1865 Gründung des Allgemeinen Deutschen Frauenvereins, der sich für eine bessere Bildung und das Recht auf freie Berufsausübung einsetzt
1892 Zulassung von Mädchen zur Reifeprüfung an öffentlichen Jungengymnasien
1895 An der Universität Göttin-

gen dürfen Frauen sich erstmals als Gasthörerinnen einschreiben
1900 Immatrikulationsrecht für Frauen
1908 Vereinsfreiheit für Frauen (d. h., sie können nun politischen Organisationen beitreten)
1918 Aktives und passives Wahlrecht für Frauen

emanzipierter Frauen wünschte beides zu vereinen. In der darauffolgenden Debatte über die Doppelaufgabe der Frau wurde die Vereinigung beider Rollen ›grundsätzlich unlösbar‹ gefunden. Nur wenn sie eine schöpferische Natur war, die Künstlerisches oder Geistiges leistete, gestand man einer Frau zu, ›nach strenger Selbstprüfung‹ oder ›ernster Gewissensprüfung‹ ihren Beruf auch als Mutter weiter auszuüben. Um die Alternative für eine Frau, die einen Beruf ausgeübt hatte und an ihm hing, erträglich zu machen, wurde die Tätigkeit der Mutter und Hausfrau in Analogie zur Berufstätigkeit als vollwertiger Beruf erklärt. Das bürgerliche Sozialmodell, das dem Manne die Rolle des Ernährers zuwies, der Frau die Rolle der Herrin im Hause, wurde im Grunde von der Frauenbewegung noch akzeptiert …«

Damit war letzlich fast alles doch wieder beim Alten geblieben, nicht einmal die Forderungen, die August Bebel schon vor der Jahrhundertwende in seinem Buch ›Die Frau und der Sozialismus‹ aufgestellt hatte, wurden erfüllt. Männlicher akademischer Dünkel und nicht zuletzt die traditionell frauenfeindliche Haltung der Amtskirchen

Literatur

Robert (Edler von) Musil (1880–1942): ›Die Verwirrungen des Zöglings Törleß‹, 1906

Heinrich von Kleist (1777–1811): ›Erzählungen‹, 1810–1811

August Strindberg (1849–1912): ›Das rote Zimmer‹ (R., dt. 1889); ›Heiraten‹ (Erz., dt. 1889); ›Inferno‹ (R., dt. 1909); ›Der Vater‹ (Dr., dt. 1888); ›Die Beichte eines Thoren‹ (Au., dt. 1894)

Paula Schlier (geb. 1899 in Neuburg a. d. Donau): ›Petras Aufzeichnungen oder Konzept einer Jugend nach dem Diktat der Zeit‹ (Au. 1926); ›Choronoz. Ein Buch der Wirklichkeit in Träumen‹ (1927); ›Der kommende Tag‹ (Religiöse visionäre Dichtung in drei Teilen, 1948); ›Die mystische Rose‹ (1949); ›Legende zur Apokalypse‹ (1949); ›Die letzte Weltennacht‹ (1958); ›Der Engel der Wüste‹ (1974)

Agnes von Zahn-Harnack: ›Die Frauenbewegung‹, 1928

Georg Fischer: ›Vom aufrechten Gang eines Sozialisten. Ein Parteiarbeiter erzählt‹. Berlin, Bonn. 1979

verhinderten die Gleichberechtigung, wie Ingeborg Weber-Kellermann betonte:

»Damit hat Elisabeth Pfeil klar die sozialgeschichtlichen Grenzen der Frauenemanzipation, gerade was ihre Beziehung zur Familie betraf, festgestellt. Der blaustrumpffrauenrechtlerische Zug jedenfalls, der einer so großartigen und von so klugen und bedeutenden Frauen getragenen Bewegung vom vorurteilsvollen Blickpunkt des Bürgers aus doch immer anhaftete, hing eben mit dieser falschen Alternative zusammen: Beruf *oder* Mutterschaft, Studium *oder* Familie. Dieses ›oder‹ setzte vollkommen falsche Akzente für die Einschätzung weiblicher Arbeitsmöglichkeiten. Und es ist bezeichnend für den bürgerlich regressiven Geist weiter Kreise in der Bundesrepublik, daß die gleichen bornierten Vorstellungen als Frageergebnisse in dem Bericht über die Frauen in der Bundesrepublik von 1964 wieder auftauchen. Danach wird eine Berufstätigkeit der Frauen oft von diesen selbst, besonders aber von den Männern nur als ein vorübergehendes Stadium vor der Eheschließung betrachtet, weshalb sich angeblich eine kostspielige Berufsausbildung für Mädchen nicht lohne!«

Auch Marieluise Fleißers Studium sollte sich in dieser Hinsicht eher nicht als gute Investition erweisen.

München dumpft und sumpft

Im Sommer Abitur. Zu Semesterbeginn Immatrikulation an der Ludwig-Maximilians-Universität in München. Sie belegt hauptsächlich bei Arthur Kutscher Theaterwissenschaft …«

Der Theaterprofessor Artur Kutscher erwähnte in seinen Erinnerungen Marieluise Fleißer nicht. Er hatte wohl auch zu viel eigene häusliche und berufliche Sorgen, um eine, auch körperlich kleine Studentin unter vielen wahrzunehmen, die noch dazu eine Ausbildung als Mittelschullehrerin anstrebte – in feinsinnigen Akademikerkreisen nicht gerade die beste Empfehlung. Auch der spätere Berliner Skandal kommt

15 Marieluise um 1918

Vorlesungen hielt ich wöchentlich 10 – 12 Stunden. Im Semester hatte ich bis zu 800 Hörer. Wegen der Unterbrechung durch den Krieg hielt ich Repetitorien für nötig. Meine Übungen hatten schon damals den Titel ›Literarische Kritik und deutsche Stilkunde‹. Die philologisch-historische Methode wandte ich als bloßes, wenn auch unentbehrliches Mittel an und legte größeres Gewicht auf die Stilkunde, die ich langsam ausbaute.

Artur Kutscher

bei Kutscher nicht vor. Das Studium stellte keine allzu hohen Anforderungen, obwohl das Fach hart um seine akademische Anerkennung ringen musste. »Im Sommer«, so Kutscher, »beschäftigten wir uns meist mit den Gattungen der reinen Dichtung, im Winter mit Theaterkritik.«

Die blutjunge Marieluise Fleißer scheint unbekümmert von den sich rasch reaktionär verschlimmernden politischen Verhältnissen in München ihr studentisches Leben genossen zu haben. Es wurde vom Vater finanziert, der sich dafür eine solide Berufsausbildung mit Abschluss erwartete. Doch es sollte anders kommen. »Für den Anfang wird sie von ihrem Vater in einem Klosterstift in der Hans-Sachs-Straße einquartiert, bricht bald nach Schwabing aus und sucht sich ein möbliertes Zimmer in der Ainmillerstraße 7.«

Auch sie jagte dem Mythos Schwabing nach, der seit der Jahrhundertwende virulent war. Dieser hauptsächlich von Zugereisten konstruierte und verbrämte Stadtteil eines angeblich kunstfreundlichen, toleranten und liberalen München bot zwar immer noch eine Mischung aus Studenten, Akademikern und randständigen Typen aller Schichten, hatte aber, wie die Stadt selbst, den Glanz der frühen Jahre längst eingebüßt, den ihm vor allem Thomas Mann herbei- und zugeschrieben hatte. Nach dem rabiaten Ende der Münchner Räterepublik zumal, die ja weitgehend aus »Schwabinger Schlawinern« bestanden hatte, war München von progressiv denkenden und handelnden Menschen der Vorkriegsgeneration praktisch entvölkert. Wer denken konnte und auch nur eine leise Ahnung kommender Dinge entwickelte, setzte sich ab, bevorzugt

---

Carl-Georg von Maaßen (1880–1940), Schwabinger Lebemann, Romantik-Kenner und -Sammler, Herausgeber einer E. T. A.-Hoffmann-Ausgabe, befreundet mit Erich Mühsam und Rolf von Hoerschelmann
Rolf von Hoerschelmann (1885–1947), kleinwüchsiger Schwabinger, Grafiker, begeisterter Teilnehmer an jeglichem Allotria
Friedrich Reck-Malleczéwen (1884–1945), erzkonservativer Fantast und Pseudologe, erbitterter Hitler-Gegner, besonders in seinem ›Tagebuch eines Verzweifelten‹

nach Berlin. Thomas Mann jammerte 1926 konsterniert in einem Vortrag: »Wir mußten es erleben, daß München in Deutschland und darüber hinaus als Hort der Reaktion, als Sitz aller Verstocktheit und Widerspenstigkeit gegen den Willen der Zeit verschrien war, mußten hören, daß man es eine dumme, die eigentlich dumme Stadt nannte.«

München leuchtete nicht mehr, München dumpfte. München war die Hauptstadt der Ordnungszelle Bayern. Gegen den Hitlerputsch 1923 wehrten sich Stadt wie Regierung nur noch halbherzig. Anstatt den Staatenlosen auszuweisen, machte man ihn ehrbar. Der kürte München dann im Gegenzug zur »Hauptstadt der Bewegung«.

In der Zwischenzeit richtete man es sich ein, so gut es eben ging. Die Restboheme bestand denn auch nur noch aus ausgewiesenen Reaktionären wie dem Kreis um Carl-Georg von Maaßen und Rolf von Hoerschelmann oder dem Einzelgänger und Hitlerhasser Friedrich Reck-Malleczéwen. Selbst diese harmlosen rückwärts gewandten Originale wurden von den aufkommenden Nationalsozialisten als kulturelle Bedrohung empfunden und nur unwillig geduldet.

Es war deswegen eigentlich egal, ob man in Ingolstadt, Augsburg oder München lebte, zumindest, was die Grundhaltung der einheimischen Bevölkerung betraf. Nur wenige bayerische Politiker wie Wilhelm Hoegner oder Georg Eisenberger bildeten schon damals eine positive Ausnahme. Sie verkörperten die Vision eines anständigen, toleranten, weltoffenen Bayern, die rasch in den Schiebereien der Inflation und der Weltwirtschaftskrise und der sich anschließenden Hitler-Diktatur untergehen sollte.

Georg Eisenberger (1863–1945), bayerischer Politiker. Soll Joseph Goebbels Ohrfeigen angeboten haben, als dieser 1930 bei einer Abstimmung im Reichstag seine Stimme kaufen wollte
Wilhelm Hoegner (1887–1980), bayerischer Sozialdemokrat, Konkordatsgegner, Antifaschist.

Schrieb im Exil die Nazi-Satire ›Wodans Wiederkunft‹ (1936) und wurde nach dem Krieg erster bayerischer Ministerpräsident

Tagsüber war er an der Universität und schlürfte das Manna des Wissens am Busen der Alma Mater. Lutschte sich stundenlang müde am ledernen Lutschbeutel verbissener Pedanten, ließ sich anöden vom faden Aesthetengeflunker, horchte der einschläfernden Musik verkrüppelter Humanitätsduselei, hörte subjektive Anschauungen über objektive Rhetorik, trieb im seichten Fahrwasser der sturmlosen Logik, geriet in die Strömung lyrischer Ergüsse und lauschte dem Gesäusel romantischer Seiltänzer.

Alexander Weicker, ›Fetzen‹, S. 47, Das Motto des neunten Kapitels, aus dem dieser Textausschnitt stammt, lautet: »Die Professoren sind Seifenblasen, die meistens durch ihren eigenen Wind platzen.«

Die Studentin Marieluise Fleißer hungerte sich buchstäblich durch. »Da das Zimmer teuer ist und sie wenig Geld von ihrem Vater bekommt, muß sie ziemlich hungern. Zweimal wird es wirklich kritisch. Das erste Mal wird sie durch eine Lebensmittelkiste von Anny gerettet, die in Lindau Lehramtskandidatin ist, das zweite Mal durch eine Schürze voll Lebensmitteln, die ihr ein Kind von der Georgenstraße herüberbringt.«

Sie nannte sich jetzt Lu. Den Namen hatte ihr ein Mann verpasst. »Ich war eine echte Schwabingerin und lief in einer Männer-Regenjacke herum. Mein Freund hatte sie mir geschenkt, als er sich einen Mantel kaufte.«

Der Freund, ihr erster, hieß Alexander Weicker, kam aus Luxemburg, war Schriftsteller, schrieb an einem Roman mit dem Titel ›Fetzen‹. Untertitel: »Aus der abenteuerlichen Chronik eines Überflüssigen.« Zum Studium wird er sie nicht gerade ermuntert haben.

In seinem Roman, auch wenn sie ihn später »schlecht« fand, erkannte Lu sich zumindest teilweise wieder. Wei-

Im Künstlerviertel Schwabing mit seinen Kabaretts, Cafés und Faschingsfesten weht noch ein Hauch der alten Liberalität. Doch auch Hitler und seine Gesinnungsgenossen sind Stammgäste in den Schwabinger Künstlercafés. Im gleichen Maße wie München zum Sammelbecken für antidemokratisch Gesinnte wird, wird seine Kultur immer provinzieller.

Günther Lutz

16 Marieluise mit Alexander Weicker

cker, einer der vielen großmäuligen Möchtegern-Zara-
thustras der Zeit, traf in einigen seiner aphoristisch hin-
gerotzten Sätze den Kern der Jugenderfahrungen seiner
Geliebten. »Wer mit dem Stock erzieht, verwandelt den
physischen Widerstand des Kindes in Ironie. Deshalb haben wir den Klöstern die köstlichste Frucht des menschlichen Geistes zu verdanken.«

Zudem gab sich die Romanfigur Jappes, das *alter ego*
Weickers, als Frauenfreund der besonderen Art. »Sind
wir Männer nicht alle Bösewichte, die junge Mädchen ver-
führen wollen, und sehen wir nicht immer mit der größ-
ten Empörung, wenn ein anderer dasselbe getan hat. Oh!

Die neuen Kunstrichtungen, der Dadaismus, der Konstruktivis-
mus, die Neue Sachlichkeit, die Jazzeinflüsse in der zeitgenössischen Musik, die Konzepte, die das Weimarer Bauhaus für die
Bildende Kunst entwickelt, finden in München kaum Resonanz.
Die Hauptstadt Bayerns gerät in den Ruf, eine Stadt kleinbürger-
lich-engstirniger Spießer zu sein, die eine politisch brisante, anti-
preußische Haltung einnehmen.

Günther Lutz

wir geilen Bocksgesichter mit der Maske des moralischen Anstandes können vor dem ewigen Richter nicht bestehen, am Jüngsten Tage, wenn das Tal Josaphat von verführten Freundinnen wimmelt.«

Auch im Streitgespräch des Jappes mit Professor Günther nimmt Ersterer die relativ frauenfreundlichere Position ein. »›Unter uns gesagt, Freund Jappes, die Sachen liegen doch nicht gar so pantoffelartig für uns. Wir sind scheinbar die Mucker und Duckmäuser und doch führen wir die Frauen am Narrenseil!‹ ›Oh, das tu ich nicht und glaube nicht, daß man es tun kann mit selbständigen Frauen.‹ ›Alle Frauen sind abhängig‹, sagte der Professor gereizt, ›und diejenigen, welche sich einbilden, am unabhängigsten zu sein, sind gerade die Unselbständigsten. Noch ein Wort, mein Freund, was bei den Frauen Koketterie ist, das ist es, womit wir spielen. Wir spielen also mit dem Wesen der Frau, weil jede Frau kokett ist und mit sich spielen läßt.‹ ›Das ist ein Sophismus‹, betonte Jappes, ›meine Auffassung vom Wesen der Frau ist grundverschieden. Ich denke, die Frau ist das, was den Mann ergänzt und um so tiefer ergänzt, je unbewußter die Frau ist.‹«

Es fällt schwer, bei genauer Lektüre des Romans die gängige Einschätzung Weickers als »chauvinistisch« und »autoritär« zu teilen. Wie so oft werden hier Beschreiber und Beschreibung verwechselt. Und der Autor wird für Verhältnisse verantwortlich gemacht, für die er gar nichts kann, etwa die jämmerliche Situation von Studentinnen an deutschen Universitäten. Der Roman – wenn auch nicht »gut«, so doch hochinteressant – bedarf jedenfalls noch

Alexander Weicker, geboren 1893. Gymnasium, 1915 Abitur. Ein Antrag auf ein Stipendium wurde abgelehnt, da er nur »mittelmäßig begabt« sei, insbesondere in Mathematik. Dennoch schrieb sich Weicker ab 1915 als stud. ing. an der Technischen Hochschule in München ein. 1918–1922 studierte er Staatswissenschaften an der Ludwig-Maximilians-Universität. 1921 erschien sein Roman ›Fetzen‹. 1922 druckte die ›Luxemburger Volkszeitung‹ seinen zweiten Roman ›Die Neidmauer‹. Am 6. September verließ Weicker München. Er hatte elfmal die

17 Alexander
Weicker

einer gründlichen, fairen Analyse. Spätere Stilisierungen
in Texten von Marieluise Fleißer sind selbst Literatur und
sollten als Beweise nicht herangezogen werden, da sie
sich in der Einschätzung des Mannes, der Weicker sein
soll, durchaus widersprechen. Ein Zitat aus ›Die arme
Lovise‹, wie: »Mein Ludwig hat alles mit Gewalt gemacht. Da mußte ich neben ihm denken, wenn ich nur
auch einmal etwas mit Gewalt machen könnte; deswegen

Wohnung gewechselt. Ab Herbst
1922 lebte er als Taxifahrer in
Paris, hatte aber weiterhin literarische Ambitionen. Nach 1926
und angeblichen Reisen durch
Portugal und Rumänien verlor
sich seine Spur bis 1935. 1936
heiratete er in München. 1936
bis 1940 lebte er in Wasserbillig
als Journalist und zog nach der
Besetzung Luxemburgs 1940
nach Hamm. Nach der Befreiung
Luxemburgs 1944 leitete er das
Office central des Combustibles.
Später gründete er eine Import-
Export-Firma für Industrie-
maschinen. Er starb 1983 in
Luxemburg.

hat er soviel bei mir gegolten ...« steht in scharfem Gegensatz zum Folgenden aus ›Der verschollene Verbrecher
X‹: »Mit Frauen, die er leiden mochte, war er herrlich.
Durch ihn lernte ich die Natur lieben, wir waren fast jede
Nacht draußen allein mit den Geräuschen des überdun-
kelten Landes. Ich hab nie einen Menschen so inbrünstig
mit der Natur verbunden gesehen ...«

18   Marieluise Fleißer 1920.
Passbild aus ihrer Immatriku-
lationsurkunde

Vielleicht greift die vulgärpsychologische Argumentation von Sissi Tax hier doch zu kurz:

»Und, als trauriges Beispiel für das Phänomen der ›Identifikation mit dem Aggressor‹: ›Wie mein Ludwig mich dann genommen hat, ist das nicht leicht gewesen für ihn.‹«

Hieraus und aus den frühen Erzählungen »eine allgemeine Wahrheit: die der speziellen Form des weiblichen Elends sowie des weiblichen Masochismus« biographisch abzuleiten, verwischt Fiktion und Leben auf nicht mehr zulässige Art, ungeachtet der generellen Richtigkeit des Adorno'schen Diktums: »Anstatt die Frauenfrage zu lösen, hat die männliche Gesellschaft ihr eigenes Prinzip so ausgedehnt, daß die Opfer der Frage gar nicht mehr zu fragen vermögen.« Aber, wenn überhaupt je so früh diese Fragen gestellt wurden, dann doch durch Fleißers exakte Beschreibungen weiblicher Befindlichkeiten in ihrer Zeit.

Gast Mannes hat 1999 Weicker und seiner Beziehung zu Marieluise Fleißer ein zitat- und faktenreiches Buch mit 142 Seiten und 394 Fußnoten gewidmet. Er weist die zahlreichen Auftritte Weickers unter verschiedenen Namen (Jappes, Ludwig, Herr Wenninger, der Verbrecher X, der Halbstarke, der Wechselbalg, der Apache etc.) in den frühen Erzählungen (›Der Apfel‹, 1925; ›Die Stunde der Magd‹, 1925; ›Ein Pfund Orangen‹, 1926; ›Die Ziege‹, 1926; ›Die arme Lovise / Moritat vom Institutsfräulein‹, 1926) und in den späten Texten der Fleißer (›Schwabing‹, 1979; ›Avantgarde‹, 1962) ausführlich nach. Er versucht, Verzerrungen der Wirklichkeit, die durch Fleißers Stilisierungen in die Sekundärliteratur eingegangen sind, zu korri-

---

Diese Jugend lebt in dem Gefühl, daß eine neue Zeit angebrochen ist, daß mit dem Ende des Weltkriegs die alten bürgerlichen Wertvorstellungen abdanken müssen. Die Erwachsenen, die einen mörderischen Krieg vom Zaun brachen, können ihr keine Vorbilder mehr sein.

Günther Lutz

gieren, etwa die Behauptung, Weickers Buch habe wenig
Eindruck in der Presse gemacht und sich schlecht verkauft – allerdings ohne zwingende faktische Belege wie
etwa eine Verlagsabrechnung, da die entsprechenden Unterlagen des Georg Müller Verlags wohl im Krieg verbrannt sind. Die 3000 angeblich in Deutschland verkauf-
ten Exemplare, die 1922 in einem Zeitungsartikel erwähnt
wurden, der in Luxemburg erschien und für Weickers
zweiten Roman ›Die Neidmauer‹ werben sollte, sind nicht
ganz überzeugend, vor allem, wenn man bedenkt, dass
der Autor selbst Verkäufe manipuliert hat. Die relative
Häufigkeit im Antiquariat beweist nur, dass das Buch
keinen dauerhaften Platz in den privaten Bibliotheken
fand und nicht zuletzt ob seines hässlichen Umschlag-
bilds rasch wieder abgegeben wurde. Mannes stellt ferner
klar, dass Weickers zwielichtiger Abgang, von einigen
Autoren als Anfang einer »Verbrecherkarriere« gedeutet,
nirgendwo aktenkundig wurde und dass er später als an-
gesehener Geschäftsmann in Luxemburg lebte. Gast Mannes' Fazit ist so richtig wie simpel: »Fest steht, daß die
künftige Fleißer-Forschung Alexander Weicker nicht mehr
übergehen oder verschweigen dürfte.« Interessanter ist
allerdings der Passus unmittelbar davor, der aus einer öffentlich nicht zugänglichen Magisterarbeit zitiert, die das
Verhältnis Weicker-Fleißer auf den Punkt bringt (s. Kasten S. 50).

Meine Atelierfeste wurden nach und nach geradezu etwas Mer-
kantiles, und man sprach in Berlin, in Hamburg, in Köln und
Frankfurt darüber ... Ich kam aus dem Halbrausch und dem ver-
nebelten Taumel kaum mehr heraus und tobte wie ein unge-
schlachter brüllender Bär durch die eng aneinandergepreßten
Tanzenden im engen Atelier herum, packte ein Mädchen am
Hintern oder am Busen, küßte es lachend ab und wieherte an-
spornend: »Erotik, mehr Erotik, bitte! – Hier herrscht Sexual-
demokratie, bitte! – Auf und los, Höchstentfaltung der Geilheit
und Sexualität, bitte! Los, Mann! Was tappen sie denn so be-
schissen herum? Hingabe, Hingabe bis ins Letzte!
Oskar Maria Graf: ›Gelächter von Außen‹, München 1966

Hier wird am Rande ein fast völlig übersehenes Motiv in Fleißers Biographie erwähnt, das möglicherweise einen Hauptschlüssel für Leben und Werk darstellt: der Erwerb von sozialem Rang, der Versuch des sozialen Aufstiegs einer selbstständig erwerbstätigen Frau in einem künstlerischen Beruf, verhindert durch die unsichtbare Mauer zwischen einer selbstgefällig in sich ruhenden akademisch-künstlerischen, hoch gebildeten oder sich zumindest dafür haltenden traditionellen Bourgeoisie und

19 Oskar Maria Graf

den von unten heraufdrängenden bildungshungrigen hoch Begabten der unteren, aber ebenfalls nicht traditionslosen Klasse knapp oberhalb des Proletariats – die sozialen Aufsteiger der unteren Mittelschicht. Auch Oskar Maria Graf war einer von ihnen, auch er hatte lebenslang um Anerkennung jenseits des krachledernen Images zu kämpfen, ohne das wiederum er aber den Aufstieg als Gaudibursch der zugereisten Kulturbourgeoisie und Sextouristen gar nicht geschafft hätte.

Gerade die intelligentesten unter den Jungen erkannten ihrerseits die Brüchigkeit der bürgerlichen Fassade, auch wenn sie selbst dem Bürgertum angehörten, wie Feuchtwanger und Brecht, erst recht aber, wenn sie von unten kamen, wie Oskar Maria Graf oder eben Marieluise Fleißer alias Lu, die den leicht zwielichtigen Geliebten kopierte und seine Jacke mit Stolz trug.

»Die Jacke war mir weit mit ihrem Raglanschnitt, aber ich zurrte den breiten Gürtel ganz eng, da hing die Jacke mir immer noch fast ans Knie und war mein Mantel, es sah verwegen aus.«

Die weibliche Imitation des männlichen Vorbilds kam nicht von ungefähr. »Welche Frau hätte dieses Bündel

Alle Interpreten des Fleißerschen Werkes reduzieren die Rolle Weickers im Leben Marieluise Fleißers auf eine relativ oberflächliche, aber in ihrer traumatischen Wirkung doch exemplarisch wirkende Gewaltherrschaft. Was das Schreiben der Fleißer betrifft, so erkannten sie Weicker allenfalls einen Einfluß am Rande als abschreckendes expressionistisches Gegenbeispiel zu. Nur für Uta Winkler erschöpfte sich die Beziehung zwischen Fleißer und Weicker nicht in einer der üblichen Liebesbeziehungen, in denen die Frau auf Versuche von Aktivität und Autonomie verzichtet, ihre Bedürfnisse auf den Mann ausrichtet und ihn zu ihrem Verwirklicher macht. Als Argumente führte Winkler die Tatsache an, daß Fleißer ihr eigenes Schreiben neben Weicker fortführte, eine »intellektuelle Distanz« wahrte (»ich war genauer«) und eben Feuchtwanger noch während ihrer Beziehung mit Weicker als literarischen Mentor wählte, daß sie als Studentin mit dem Studenten Weicker auf gleichem Sozialrang stand …

Gast Mannes zu Uta Winkler

von Charaktereigenschaften und Verhaltensweisen beses-
sen, die Weicker aufweisen konnte und die ganz offen-
sichtlich geeignet waren, sich den Zugang zum Literaturbetrieb zu verschaffen?«, fragte Uta Winkler zu Recht.
Noch dazu, wo er, wie die verklärende Erinnerung sug-
gerierte, nicht nur ein intellektueller, sondern auch ein
praktizierender Abenteurer war, wie viele Bohemiens

20 Bertolt Brecht mit Freunden
1923 (stehend: Brecht, Frank
Warschauer, Lion Feuchtwan-
ger, dessen Schwager; sitzend:
Feuchtwangers Schwester,
Marianne Zoff und Marta
Feuchtwanger)

der Nachkriegszeit. Er soll in Schiebereien und Schmug-
gelgeschäfte verwickelt gewesen sein, musste sich 1922
jedenfalls Hals über Kopf aus Deutschland absetzen.

»Er war eine romantisch-abenteuerliche Erscheinung. Er
war ein Robin Hood. Er hats den Reichen genommen und
den Armen gegeben.«

In der konventionellen Deutung, etwa bei McGowan,
lesen sich die frühen Erzählungen als »Fleißers Erlebnisse
als Studentin in München« und befassen sich mit der tiefen Verwirrung einer Pseudo-Emanzipation: Junge Frau-
en, die sich vom traditionellen Rollenverhalten im Elternhaus losgelöst haben, erleben, daß sie in der vorgeblich
emanzipierten Studenten- und Künstlerwelt gleich wieder mißbraucht werden.

Doch so einfach lagen die Dinge eben gerade nicht. Ein
Missbrauch lag sicher nicht vor, so wenig wie bei der Romanfigur Pepy aus ›Fetzen‹, die durchaus Züge der kleinen Lu aufwies. »In Pepy wuchsen die Begierden der Jugend, erst weiche Pfötchen und zahnlose Mäuler, dann
spitzige Krallen und verschlingende Schlünde. Jappes
lehrte Pepy, die Tiere zu bändigen: ›Durch Hunger macht
man sie zahm.‹ Und Pepy hungerte nach Liebe. Alle die
freundlichen Freunde umlungerten Pepy: Die Musik und
die Männer, die Tänze und ihr eigenes Geschlecht. Der

Zu Schwabing vergleiche:

Oskar A.H. Schmitz: ›Bürgerliche Boheme‹, 1912. Neuausgabe
Bonn 1998

F.(ranziska) Gräfin zu Reventlow: ›Herrn Dames Aufzeichnungen oder Begebenheiten aus einem merkwürdigen Stadtteil‹,
München 1913

Franz Hessel: ›Der Kramladen des Glücks‹, Neuausgabe Frank-
furt/M.

Artur Kutscher (1878–1960): ›Der Theaterprofessor. Ein Leben
für die Wissenschaft vom Theater‹, München 1960

Rolf von Hoerschelmann: ›Leben ohne Alltag‹, Berlin 1947

Carl-Georg von Maaßen: ›Der grundgescheute Antiquarius‹, Fre-
chen 1966

fatale Geist in ihrer dunklen Seele flüsterte: der Weg zur Erlösung geht über die Trümmer des Verderbens! Pepy wollte rasch zur Erlösung kommen und die Verführung lauerte, sie ins Verderben zu jagen.«

Ihr Verführer ist aber nicht der faire Jappes, sondern der schleimbeutelige Professor Günther, der der Generation der Väter angehört, vor der Jappes Pepy entschieden gewarnt hat. »Pepy, wir sind nicht verantwortlich für die Taten unserer Väter. In der Ehe wissen unsere Väter nicht, was sie tun. Sie können das Geschlecht der Seele ebenso wenig bestimmen wie das Geschlecht des Leibes. Im Zeugen ist der Mensch Tier; die Väter wissen vom Wesen des Kindes am wenigsten; sie wissen nur um die Not und die Bedürfnisse des Leibes. Unser größtes Glück ist es vielleicht, dem Einfluß des Vaters früh zu entgehen.«

Man ist durchaus versucht, aus diesen Worten einen starken anti-patriarchalischen, anti-autoritären Impuls herauszulesen. Die Stimmung der jüngeren Generation nach dem Krieg entsprach dem durchaus.

Der literarische Vatermord war in dieser Generation die Norm, von Arnolt Bronnen bis Hasenclever. Andererseits wurde die Sinnlosigkeit des deklamierenden »O Mensch«-Expressionismus, die schon in den poetischen Aktionen des Dadaismus ihre praktische Kritik gefunden hatte, genau erkannt. Die Forderung nach einer Neuen Sachlichkeit beim Schreiben hatte auch hierin ihre Wurzeln. In dieser Hinsicht waren Weickers Roman und seine ästheti-

Beide verschlüsselt in:

Willy Seidl: ›Jossa und die Junggesellen‹, München 1930

Zu Friedrich Reck-Malleczéwen vgl. Carl-Ludwig Reichert über F. R.-M. in: ›Neue Deutsche Biographie‹

Georg Bollenbeck: ›Oskar Maria Graf‹, Hamburg 1985, RoMo 337, S. 65 f.

Alexander Weicker: ›Fetzen. Aus der abenteuerlichen Chronik eines Überflüssigen‹, München 1921

Gast Mannes: ›Marieluise Fleißer und Alexander Weicker. »Ich bin stolz auf ihn, solange ich lebe.«‹ Echternach 1999

schen Lehren auch schon wieder alte Fetzen und Lu erkannte das mit ihrem sich entwickelnden »Röntgenblick«
und ihrem an Kleist geschulten Sinn für Sprachqualität
sehr schnell. Sie suchte sich also und fand einen besseren
Mentor: Lion Feuchtwanger. Dass der zwar verheiratet,
aber ein attraktiver und wohlhabender Mann war, störte
sie nicht im Geringsten. Im Gegenteil.

Erfolg mit Feuchtwanger

Das von Oskar Maria Graf so inbrünstig eingeforderte Mehr an Erotik gab es traditionellerweise bei den berühmt-berüchtigten Schwabinger Faschingsfesten, wo die, die das letzte Hemd bereits versetzt hatten, auch nackt gehen konnten, wie die oft nur anfangs von einer Decke verhüllte Marietta, von deren legendären Auftritten der zwergische Zeichner Rolf von Hoerschelmann in seinem Buch ›Leben ohne Alltag‹ berichtete. »Auf jedem Fest erschien sie nur mit einer Tischdecke und einer Sicherheitsnadel angetan. Beides verlor sich bald im allgemeinen Trubel und die sehr niedliche Person hopste unbekümmert im Originalzustand die ganze Nacht zwischen den Maskierten herum.« (Hoerschelmann S. 166f) Anatomische Details der Akteurinnen und Akteure waren also wohl bekannt und Gegenstand allgemeiner Betrachtung, was die vielleicht bekannteste Fleißer-Anekdote etwas weniger pikant machen dürfte, als der normale Ingolstädter gemeinhin annimmt.

»Anfang 1922 lernte die Studentin »Lu« auf einem Faschingsfest im Steinickesaal in Schwabing Lion Feuchtwanger kennen. »›Das ist die Frau mit dem schönsten Busen Mitteleuropas‹, stellt der Schriftsteller Bruno Frank sie dem damals Achtunddreißigjährigen vor.«

Die vielfach – hier von Jutta Sauer – tradierte Legende vom »schönsten Busen Mitteleuropas« suggeriert die At-

---

Bruno Frank. Ab 1924 Wohnung in München, vorher u. a. Feldafing, Gentleman-Schriftsteller. Pazifist. Auch seine ›Politische Novelle‹ von 1929 beweist, dass er der weiblichen Anatomie ein grundsätzliches Interesse entgegenbrachte: »Sie schaute ihm entgegen. Als sie erkannte, dass er umkehren wollte, streifte sie mit einer ruhigen Bewegung ihr weites Hemd nach unten und zeigte ihre Brüste, die schön waren.«

21 Lion Feuchtwanger

traktivität der kleinen Ingolstädterin auf dem hart
umkämpften erotischen Terrain des damaligen Kultur-
betriebs. Quelle der Anek-
dote scheint Fritz Rumler
zu sein, der 1970 ein Ge-
spräch mit der Fleißerin für
den Spiegel aufbereitete
und aufpfefferte. Unglaub-
würdig ist sie nicht, denn
Bruno Frank und Feucht-
wanger kannten sich schon
lange, vom Wedekind-
Stammtisch her, dem unter
anderen Heinrich Mann,
Egon Friedell, Erich Müh-
sam, Alfred Polgar, Walter Rathenau, Max Reinhardt und
Bruno Frank, »schön wie ein Gott«, angehörten. Wilhelm
von Sternburg beschrieb die näheren Umstände der Män-
nerfreundschaft in seiner Feuchtwanger-Biographie. »Mit
Bruno Frank, dem so ganz anders gearteten, hochge-
wachsenen, charmanten Plauderer in der Gesellschaft,
Frauenheld, beginnt ebenfalls eine Lebensfreundschaft,
die vor allem der von der Front zurückgekehrte Lyriker
sucht. Er wird der einzige im Kreis um Feuchtwanger
sein, den er duzt. Franks spätere Frau Liesl war in den
30er Jahren eine der zahlreichen Geliebten Feuchtwangers. … Auch die Wohnung in der Georgenstraße wird
zum häufigen Treffpunkt dieses Kreises. Neben den

Lion Feuchtwanger, eigtl. Jacob Arje (1884–1958), war einer der erfolgreichsten Schriftsteller und Theaterkritiker der Weimarer Republik. Er kam aus großbür-gerlichen Verhältnissen. Sein historischer Roman ›Jud Süß‹ (1925) war ein Welterfolg, der auch Veit Harlans Propaganda-Film-Machwerk (1940) über-stand. Sein Roman ›Erfolg‹ warf die Hitlerbewegung satirisch auf den Müllberg der Geschich-te. Das wurde ihm nicht verzie-hen. In der Emigration entstan-den unter anderen bedeutenden Werken die Romane der so ge-nannten ›Wartesaal-Trilogie‹.

Freunden tauchen junge, unbekannte Autoren bei Feuchtwanger auf, legen Stücke vor, hoffen auf Förderung. Es hat sich herumgesprochen, wie hilfsbereit er ist, wenn ihn ein Buch, ein Theaterstück überzeugt hat. Im März 1919 wird ein junger Medizinstudent kommen, ›ein dünner, scheuer Mensch ... Die Nase war schmal und gebogen, das Haar auf seltsame Art in die Stirne gewachsen‹. Er bringt ein Stück, meint recht schnoddrig, er hielte

22 Bertolt Brecht

wenig davon, brauche aber Geld, kommt aus Augsburg und heißt Bertolt Brecht. Eine fruchtbare Künstlerfreundschaft beginnt. ... Drei Jahre später, 1922, gehörte auch Marieluise Fleißer dazu, die umstrittene, begabte Dramatikerin aus Ingolstadt.«

Der nicht mehr ganz junge Herr Feuchtwanger war im Fasching gleich von der jungen Frau angetan, wurde ihr Mentor und verschaffte ihr den Einstieg in den richtigen Literaturbetrieb der Zeit. Den kleinen Konkurrenten Weicker, der sich ohnehin im Sommer schon absetzen musste, schlug er locker mit dessen eigenen Waffen. »Lu kann eine jede heißen«, erklärt er autoritär, »das ist kein Name für eine Frau, wenn sie schreibt, das hängt sich nicht ein.«

Bert(olt) Brecht, (1898–1956), geb. in Augsburg, gest. in Berlin, war das *enfant terrible* der jungen Literatur-Szene. Nach einem lustlosen Medizinstudium zwischen 1917 und 1921 wurde er Literat. Als angehender Theaterkritiker besuchte er das Theaterseminar von Artur Kutscher, das ihn zu seinem ersten Drama ›Baal‹ anregte. Es gelang ihm, diverse Verlagsverträge abzuschließen. Sein Stück ›Trommeln in der Nacht‹ erhielt 1922 den Kleist-Preis. Bis 1924 war er Dramaturg der Münchner Kammerspiele. 1924 übersiedelte er nach Berlin.

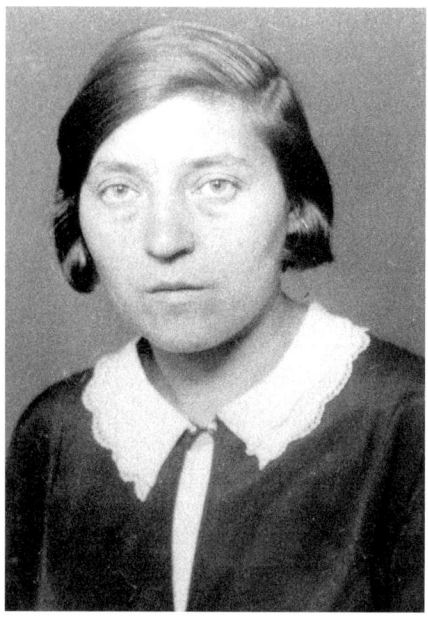

Also überstempelte er Weickers Lu mit einer Feuchtwangerischen Marieluise, zu der er durch Umstellung von »Luise Marie« recht einfach gelangte. Fast alle weiteren Männer der Fleißer sollten sich in diese Tradition einreihen: Brecht, der sie »Fleißerin« nannte, Draws-Tychsen, der sie wohl gern als »Kind« titulierte, Bepp Haindl mit einem ganzen Bündel naiver bis anzüglicher Kosenamen wie Punn(y), Herzkätzchen, Herzpeterl, Brauni usw., der Lehrer Hetzelein, der sie gern als Hexe zeichnete. In Ingolstadt hieß sie später ganz brechtisch nur »die Fleißerin«.

23 Marieluise Fleißer in den
20er Jahren

Feuchtwanger tat allerdings wesentlich mehr für Marieluise, als nur ihren Namen zu ändern. In ihren eigenen Worten: »Er fordert sie auf, ihm zu bringen, was sie geschrieben hat. Er nennt es Expressionismus und Krampf. Heute schreibe man ›neue Sachlichkeit‹. Aus Zorn verbrennt sie alles, was an Geschriebenem da ist, auch den Aufsatz ›Ist Auflehnung Sünde?‹, auf den sie doch so stolz war.«

Man kann das allerdings auch ziemlich überinterpretieren, wie Jutta Sauer: »Wer über Fleißer schreibt, bedauert, daß dieser Aufsatz in Flammen aufgegangen ist. Es scheint so, als hätte sie durch diesen Akt der Vernichtung nicht nur ihre Autonomie und Identität als schreibende Frau, sondern auch eine frühe Vision ihres Lebens verbrannt.«

Die Wehklage der Autorin wie der Interpretin über den Verlust des Besinnungs-Aufsatzes wirkt hie nostalgisch und da überzogen. Keine Identität und keine Autonomie keiner Person hängt am Verlust eines einzigen Textes. Zudem sind Schreibende meist in der Lage, wirklich wichtige Texte in ihren wesentlichen Passagen zu rekonstruieren.

Es darf wohl als sicher gelten, dass das Fazit des Versuchs ein mehr oder weniger deutliches »Nein« war. Der Grund der Auflehnung ist theologisch denn auch unschwer mit einem Wort zu fassen: Sexualität. Die Unfähigkeit der Religionen, die sexuelle Entwicklung der jungen Menschen natürlich und unverkrampft einfach geschehen zu lassen, war, ist und wird immer Ursache des Zweifels, Anlass der Empörung und Grund der Ab-

Er ließ nichts gelten, bis ich eine Geschichte ›Meine Zwillingsschwester Olga‹ schrieb. Das war das erste, was er mir durchgehen ließ. Die Geschichte wurde im ›Tagebuch‹ von Stefan Großmann erstmals veröffentlicht.

Marieluise Fleißer, ›Aus der Augustenstraße‹ (GW II 309)

wendung sein. Die rigide bürgerlich-religiöse sexuelle Doppelmoral – egal ob christlich, islamisch, jüdisch oder sonstwie monotheistisch – produziert genau jenes »latente Dynamit« (MLF), das sich inzwischen fanatisierte Jugendliche weltweit um den Bauch schnallen, um auf Befehl einer Kaste abgefeimter Schurken und Schmarotzer, sich und zuerst noch möglichst viele Unschuldige in die Luft zu jagen – die einzige Möglichkeit des sozialen Aufstiegs wenigstens nach dem Tod ist das Martyrium. Fleißers hellsichtige Ausführungen in späteren Jahren, vor allem in ihrem Beitrag über Ludwig II. gut versteckt, erscheinen in diesem Zusammenhang bedeutsam und viel zu wenig beachtet.

Für Marieluise verminderte sich damals die Explosionsgefahr durch die Bekanntschaft mit Feuchtwanger entschieden. Sie erlebte einen partiellen gesellschaftlichen Aufstieg, verbunden mit einem Wechsel in das kreativ-intellektuelle Milieu großbürgerlicher Schriftstellerei. Sie wurde akzeptiert, man mochte sie, man half ihr, die Konfrontation mit dem neuen Lebensstil einigermaßen zu bestehen. Sie entwickelte einen Sinn für Mode und auch einen für Verzweiflung. »Er lehrte sie sich selber lieben, aber am Leben verzweifeln, weil sie durch diese Verzweiflung hindurchstoßen mußte.«

Denn sofort zeigten sich soziale Grenzen. »Er zersetzte ihren Rest an Selbstvertrauen und hatte seine gesicherte Position, in der er sie nicht hinaufziehen konnte.«

Der prominente Schriftsteller mit seiner prominenten und toleranten Frau bekam jedenfalls von Marieluise, was er wollte. »Sie war als ein Lamm von einem zu vielen,

»Auf seine Weise war er eine Macht.«

»Neben dem Wust von Popularität mußte eine wie sie verschwinden.«

»Er legte eine schwache Ahnung in sie und gab ihr den Namen Sehnsucht.«

Aussagen Marieluise Fleißers über den Einfluss von Lion Feuchtwanger

von vielen zu einem Welt-
weisen gegangen, und noch
der Weltweise hatte das
Seine genommen und ihr
wenig gelassen. Es mochte
in der Zukunft liegen, was
er ihr gab. Und als er seine
Macht an ihr bewiesen hatte, ließ er sie dem Zufall
zum Raub.«

Frau Marta tat später
nichts, was dem Verschwinden der Fleißer entgegen-
gestanden hätte. In ihren
Memoiren kommt sie gar
nicht vor. Immerhin: »Für
den Juden war sie eine Per-

24 Marta Feuchtwanger

son.« Und diese Person sollte Schriftstellerin werden. Dazu musste sie einige Illusionen loswerden.

»Die Menschen sollte sie ansehen für unmittelbare Mörder, dann wehrte man sich nämlich.« Es hätte ihr später
viel geholfen, hätte sie diesen Satz wirklich begriffen. Immerhin, einige Male hat sie sich dann auch gewehrt. Außerdem lernte die Handwerkerstochter jetzt das Handwerk.

»›Genauer, sagte er, du bist zu wenig genau.‹ Sie rannte
an seinen historischen Blick an wie an eine Wand. Sie sah
sich auf einmal im Spiegel, sie spürte, wie in ihr das Zeit-
gefühl wuchs …«

Sie schrieb jetzt anders. Neusachlich zwar gelang ihr
nicht gleich so gut, aber wenigstens realistisch war es

Was sie gelernt hatte, war brotlos. Sie wußte nicht, wie die Menschen sich untereinander bewegen und durch welche geheimen
Vergünstigungen einer es so weit bringt, daß er seiner bestimmten und bezahlten Arbeit nachgeht.

Marieluise Fleißer, ›Die Ziege‹ (GW III S. 76 ff.)

und vor allem eigen. Unverwechselbar sogar, denn keiner hatte vor ihr so geschrieben. Eine Frau schon gar nicht. Lena Christ, die hier das Maß der Dinge gewesen wäre, war den fitten Literaten schon damals kaum mehr als ein skandalbehafteter Name der jüngsten Vergangenheit. Feuchtwanger war streng. Das brauchte Marieluise.

Und Feuchtwanger war freundlich. Er log nur so viel, wie ein verheirateter Mann eben musste, und er half, immer wieder. Marieluise vertraute ihm. »Er ermöglicht ihre erste Publikation, auf seinen Namen bekommt sie Freikarten für die Münchner Kammerspiele, durch ihn lernt sie den jungen Brecht kennen …«

Feuchtwanger war aber auch ein Mann. Er bemächtigte sich der jungen Frau auf seine Weise. Er formte sie, bereitete sie vor auf einen anderen. Die Fleißer war noch lange nicht die Fleißerin, sie war gerade erst Marieluise geworden und Rohmaterial. In der wirklichen, harten Welt kannte sie sich gar nicht aus.

Sie hatte jede Hilfe nötig, um sich durchzuschlagen. Von Frauen war nichts zu erwarten. Die gab es im Überschuss und immer als Konkurrentinnen. Entweder um die Männer oder um die Arbeit. Arbeitsplätze für Frauen gab es fast nur in den Großstädten. Die Konkurrenz war hart. Es gab Hunderttausende von jungen Witwen, die sich und ihre Kinder durch eigene Arbeit ernähren mussten. Dazu kamen jährlich ca. 150 000 uneheliche Kinder.

Studentin zu sein war ein Privileg, aber nur, solange man studierte. Eine Handwerkerstochter an der Universität dürfte ungefähr so exotisch gewesen sein wie ein Arbeiterkind vor der Studenten-Rebellion von 1968 und

Mußte man gestachelt sein von vielen Wunden, damit man die eigene Angst am Mitmenschen heimzahlen konnte? Lief es darauf hinaus? Sie hatte nur diese eine Seele und war fast schon hin.
Marieluise Fleißer, ›Die Ziege‹ (GW III S. 76 ff.)

heutzutage auch schon wieder. Nach der Reform von 1908 betrug der Anteil von Studentinnen weniger als fünf Prozent. Im Wintersemester 1918/19 waren es bereits 9,5 Prozent. Die meisten Frauen studierten Medizin. Auf diese Weise konnten sie auch im Heiratsfall weiter berufstätig bleiben. Die Zukunftsperspektiven von Studentinnen im Lehrfach hingegen waren trostlos. Lehrerinnen unterlagen nämlich als Beamtinnen aufgrund einer Verordnung von 1923 praktisch dem Zölibat. Wer heiratete, flog raus. Wer nicht heiratete und erwischt wurde, auch. Das Lehramt war auch nur eine von Männern aufgestellte Falle, weil die Herren unter sich bleiben, aber gerne eine Frau heiraten wollten, die ihnen kompetent zuhören konnte. Ansonsten waren Frauen Freiwild, die meisten schon nach ein paar Männern waidwund.

25 Frauenarbeit für die Begüterten: Vorbereitung eines Familienfestes im München der 20er Jahre

Überleben hieß Schreiben. »Sie kam dahinter, daß es Hilfe vom anderen nicht gab und daß dies ein Schlachtfeld war. Was konnte einer schon tun? Sich dagegen stemmen, damit es nicht über ihn wegging. Es konnte helfen, es konnte nicht helfen, im voraus war das nicht zu wissen. Es war Zufall.«

Der Preis war hoch. »Wußte man, wer man selber war, wenn es hart ging auf hart? Man mußte überleben.«

Literatur

Lena Christ, Gesammelte Werke, München 1990

Bruno Frank, ›Ausgewählte Werke‹, Hamburg 1957

Marietta di Monaco: ›Ich kam, ich geh‹, München 1962

vgl. auch Klabund: ›Marietta. Ein Liebesroman aus Schwabing‹, in GW 1930

»Ich habe kein Vaterland. Ich habe kein Mutterland. Jede fremde Sprache berührt mich heimatlich. Ich bin eine polnische Prinzessin: hübsch, aber schlampig. Ich schiele. Das ist meine Weltanschauung. Eigentlich müßte ich ein Monokel tragen. Ich gewinne auf der Münchener Wohlfahrtslotterie eine kleine Kuhglocke. Ich binde sie mir um den Hals und lasse sie läuten. Jeder möchte mein Hirt sein. Ich bin Marietta.«

Lion Feuchtwanger: ›Erfolg‹, 1930

Im Dickicht mit Brecht

Sommer 1924. Bert Brecht war sechsundzwanzig, Marieluise Fleißer dreiundzwanzig. Sie hatte den Kontakt
zu Feuchtwangers »Hausdichter« gesucht, fast zwei Jahre
lang. Dann passierte es, vor allem ihr. »Der Mann war
eine Potenz, er brach sie sofort. Es würde sich zeigen, ob
sie es überstand.« Sie wusste ziemlich genau, was sie erwartete, denn sie hatte Brechts ›Baal‹ bereits gelesen, dieses großkotzig-unreife Manifest einer männlichen Omni-
präpotenz. Und dass sie ihn danach immer noch suchte,
beweist, dass sie es genau
so wollte, um danach lange
und glücklich darunter leiden zu können. Der Ef-
fekt war jedenfalls der ge-
wünschte. »Brecht hat ta-
bula rasa in mir gemacht.«
Anfangs machte Brecht, ein
noch besserer Verführer
und Frauen-Dompteur als
es etwa Weicker gewesen
war, alles richtig. Er bevorzugte sie, hielt sie kurzzeitig im Status der Favoritin.
Als sie dann nicht mehr
loskam, war er obenauf. Es

26   Bertolt Brecht

dauerte lange, bis sie den Widerspruch merkte, dass der, der sich zum Anwalt der Entrechteten und Ausgebeuteten machte, selbst auch nur ein besonders schlauer Arbeitgeber und vor allem Wegnehmer war. Das lag daran, dass er sie, gemessen an anderen, auffällig schonte. Er respektierte ihr Talent, immerhin. Und in viel späteren Jahren, nach dem Krieg, versuchte er, ihr wieder etwas zurückzugeben, als sie ihn brauchte. Damals war sie eine nette Episode, die sich selbst und ihre Liebe zu ihm viel zu ernst und wichtig nahm. Um noch mehr zu leiden, imitierte sie ihn, wie sie es den Nonnen abgeschaut hatte. Sie fing an, wie er zu schreiben. Stilisiert, gestelzt, unnatürlich. So hatte sie später viel zu überarbeiten und verbessern. Er zeigte ihr ein paar Tricks, wie man skrupelloser und schneller etwas aufs Papier fetzt, so wie 1924 die Erzählung ›Abenteuer aus dem Englischen Garten‹. Das Studium gab sie dran, weil sie ihm jederzeit zur Hand gehen sollte. Der Vater war erbost, als er es merkte, und zwang sie nach Ingolstadt zurück. Brecht verzog sich nach Berlin. Aber er machte sie wenigstens nicht zur Mutter wie Marianne Zoff, erst recht nicht zur ledigen wie die Weigel.

27 Marieluise Fleißer Mitte
der Zwanziger-Jahre

Und er half 1926 ihrem ersten Stück auf die Bühne. Der Vorgang war, wie Fleißer selbst berichtete, ein Bubenstück, eine Mauschelei. Ein anderer Autor musste dran glauben und schoss sich deswegen fast tot. Zur Entstehungsgeschichte berichtete Marieluise Fleißer: »Erst als ich das Stück für fertig hielt, brachte ich es zu Lion Feuchtwanger hin, er las es am nämlichen Tag. Ich hatte keiner Seele verraten, daß ich daran schrieb … Es war mein einziges Manuskript, das ich hingab, der Leichtsinn war groß, denn nun wanderte es zwischen einigen Menschen hin und her … ›Begabt, aber verworren‹, nannte es der Lion und reichte das Stück weiter an Bert Brecht, der … auf das Stück hin mich kennenlernen wollte.« Die Thematik des Stücks, das zunächst ›Die Fußwaschung‹ heißen sollte, beruhte teilweise auf einem beklemmenden Kindheitserlebnis der Autorin. Wie sie 1973 in dem Text ›Ich ahnte den Sprengstoff nicht‹ berichtete, war sie selbst seinerzeit von einem sozialethisch desorientierten Jugendlichen aus der Nachbarschaft bedrängt worden, heute würde man den Typus kriminaltechnisch als »stalker« bezeichnen. Ein solcher Typ ist im Stück Roelle, die nicht gerade sympathische Figur, die von ihren Obsessionen hart an den Rand des Wahnsinns befördert wird. Er steigt der schwangeren Olga nach.

»Ihre Beziehung«, so McGowan, »ein Wechselbad von Nötigung, triebhafter Annäherung und Abstoßung, spielt vor dem Hintergrund gärender Aggressionen, Konflikte und Behauptungsversuche in der Familie Berotter und unter jugendlichen Zeitgenossen. Vier Elemente prägen das Stück: die Kleinstadt, die Religion, die erwachende

Das ›Fegefeuer‹ ist von einem jungen Menschen geschrieben für junge Menschen. Es ist katholische Kleinstadt, aus der Sicht durch Großstadt gebrochen. Von jungen Menschen erlebt, die suchen müssen und noch lange nicht finden, die in die Irre laufen bis zur Todessehnsucht hin und da ist keiner, der ihnen helfen kann.

Marieluise Fleißer

OLGA: Was ist jetzt wieder?

PEPS: Olga, du weißt nichts.

HERMINE: Das ist einer, der hat zum Beichten müssen, und dann haben sie ihn im Beichtstuhl nicht fertiggemacht.

ROELLE: Das ist bei mir keine Schande.

HERMINE: Ist sie schon.

ROELLE: Ich geh einfach zu einem anderen Pater.

HERMINE: Das müssen Sie mitbeichten, wenn ihnen der Frühere die Absolution verweigert hat.

ROELLE: Ich beichte nie wieder.

PEPS: Was machen Sie dann, wenn Sie mit der ganzen Klasse vorgehen müssen zur Kommunion?

ROELLE: Das geht nur mich was an.

PEPS: Damit haben Sie sogar recht.

HERMINE: Wenn der Mensch nicht mehr beichtet, dann ist ihm die Hölle gewiß.

ROELLE: Ich kann die vollkommene Reue erwecken.

PEPS: Sie nicht. Das können Heilige.

HERMINE: Ich möchte nicht wissen, was so einer zusammen-beichtet, wenn ihm gleich so was passiert.

OLGA: Was wollt ihr von dem? Laßt ihn mit dem, was er beichtet allein.

PEPS: Olga, du weißt nichts. Er hat den ganzen Beichtstuhl vollgeredet mit dir. Er hat dich beim Namen genannt und dich richtig durchgezogen.

ROELLE: Das ist gelogen.

PEPS: Ich bin daneben gestanden und habe die Ohren lang-gemacht, junger Mann. Ich habe alles gehört.

HERMINE: Damit muß man rechnen.

›Fegefeuer in Ingolstadt‹, 2. Bild

PEPS: Wissen Sie, was Sie getan haben? Sie haben ihr die Ehre ab-geschnitten vor dem Pater, der sie in der Schule zweimal die Woche sieht.

ROELLE: Ich hab es angeben müssen. Ich stand unter dem Zwang.

OLGA: Hätten Sie meinen Namen draußen gelassen.

PEPS: Der braucht keine Namen.

ROELLE: Beim nächsten Mal lasse ich ihn draußen.

›Fegefeuer in Ingolstadt ‹, 2. Bild

pubertäre Sexualität und das ›Rudelgesetz‹, das unter den Jugendlichen herrscht.« Kurz: Es geht um Sex und Macht. Das »Rudelgesetz« war eine Sprachschöpfung der Autorin. Es weist auf das besondere Interesse hin, das sie am Stück hatte: die neusachlich-genaue Phänomenologie jugendlicher Verhaltensweisen und ihre psychosozialen Folgen. Der Begriff diente als analytische Hilfestellung. Natürlich spielte das Stück in Ingolstadt, und das vierte Bild begann mit einem bekannten Spottlied auf die große verkehrstechnische Errungenschaft der Pferdebahn.

»Das Stück hätte ›Die Eingeschlossenen‹ heißen kön-nen, denn in der Kleinstadtenge kann sich niemand der repressiven Öffentlichkeit entziehen.« Es verhielt sich zu den affirmativen Elaboraten eines Carl Zuckmayer etwa wie der Musikantenstadl zum Bizarre-Festival.

»Mein Stück drehte sich um junge Menschen, das wußte ich schon im ersten Anfang. Titel hatte ich dafür keinen, erst ganz am Schluß wurde ›Die Fußwaschung‹ daraus, aber mit diesem Titel wurde das Stück nie gespielt. ›Fe-gefeuer in Ingolstadt‹ ist ein Stück über das Rudelgesetz unter Schülern und über Außenseitertum.«

Das Stück »lag anderthalb Jahre in Berlin herum«. Der Regisseur Moriz Seeler las es, wollte es aber nicht spielen, denn »er hatte schon einem jungen Mann die Urauffüh-

1. MINISTRANT: In Ingolstadt is zünftig
Da gibts a Pferdebahn,
Der eine Häuter zieagt net
Der ander der is lahm.
Der Kutscher der is bucklig,
Die Radeln die san krumm,
Und alle fünf Minuten,
Da flieagt der Wagen um.
1. MINISTRANT (allein, singt nach):
Der Kutscher der is bucklig,
Die Radeln die san krumm,
Und alle fünf Minuten,
Da flieagt der Wagen um.
ROELLE: Gibts jetzt eine Ruh mit dem dummen Geplärr?
    ›Fegefeuer in Ingolstadt‹, 4. Bild

rung versprochen von seinem unbekannten Stück. ›Nein,
den jungen Mann spielen sie nicht‹, sagte Brecht. ›Sie
spielen die Fleißerin.‹ Für den jungen Mann fiel die Welt
ein, er hin und schoss sich durch eine Lunge, und das
wurde eines der Dinge, die Seeler dem Brecht nicht ver-
zieh.«

Ungeachtet der peinlichen Vorgeschichte wurde die
Aufführung ein Erfolg. »Paul Bildt hatte mit der guten
Besetzung die Uraufführung zu einem Erfolg geführt.
Die Koppenhöfer spielte die Olga, die Weigel die Cle-
mentine, Matthias Wieman den jungen Roelle, der zum
Schluß auf einen Stuhl stieg, um sich aufzuhängen. Der

28 Aufführung von ›Fegefeuer
in Ingolstadt‹, Berlin 1926

Beifall hielt lang an, nachdem jene gegangen waren, denen es weniger gefiel, sehr lang hielt er an, und wer am längsten klatschte, das war der Leiter der ›Schmiede‹, eines Verlags … Die Schmiede hätte gern mein Stück gehabt und mich. Die Schmiede hatte nur kein Geld, mir eine Rente zu zahlen. ›Unter einer Rente‹, hatte Brecht mit Ihering ausgemacht, ›tun wir es nicht. Die Fleißer muß schließlich existieren.‹« Den Rentenvertrag bekam Marieluise Fleißer dann von Ullstein. Es war dringend, denn »ich hatte das Geld für die Rückreise nicht«.

Einen Wermutstropfen freilich gab es doch. »Seeler hatte meinen Titel geändert. … Und so brachte er Ingolstadt in meinen Titel hinein, die Stadt blieb an mir haften.«

Die Kritiken waren gut. Sogar die beiden konträren Großkritiker Ihering und Kerr, der den Brecht nicht leiden konnte, waren sich einig: Die Fleißerin war eine Begabung.

Das festzustellen, war allerdings auch nicht besonders schwer. Denn, wie Kurt Pinthus richtig schrieb:

»Ich will hier nicht etwa voreilig ein Genie proklamieren, nicht eine überragende, vollendete oder gar vollkommene Dichterin. Sondern ich behaupte, daß da plötzlich, fast ohne Vorbild und Tradition, eine Dichterin von ganz selbständiger Ausdrucksweise auftritt, die begnadet ist, zu sagen, nicht, was sie leidet, sondern was armselige, gehemmte, junge Wesen leiden, die bisher selber niemals Worte für ihr Leid fanden, noch denen bisher von einem Dichter so unmittelbare, direkte Worte für ihr Leid gefunden wurden. In diesem unmittelbaren, direkten Ausdruck des Fühlens, Redens und Tuns solcher verwirrten,

Marieluise Fleißers Dramen sind, wie gesagt, nicht Dramen in bisheriger Bedeutung. Aber sie sind von Bedeutung. Das erkennt jeder, der in den Prozessen um Jugendliche aus der letzten Zeit Scenen wiedererkennt, die in den Werken dieser Dichterin stehen … oder stehen könnten. Und ihre Bedeutung wird noch klarer aus ihren Erzählungen, die mir wertvoller und dichterischer erscheinen als ihre Stücke.

Kurt Pinthus

irrenden jungen Menschen ist sie nicht nur eigenartig, sondern einzigartig, vielleicht sogar erstmalig.«

Pinthus vermochte auch in der Vergangenheit nur eine Referenz zu finden. »Auf dem Gebiet des Dramas hat, vor hundert Jahren, Georg Büchner in der Tragödie vom armen Soldaten Wozzeck solcherlei vermocht und gekonnt.« Er verglich im Folgenden die Prosa der Fleißer am ehesten mit der von Oskar Maria Graf und ihr Drama mit Arnolt Bronnens Erfolgsstück ›Vatermord‹. Sein Fazit zum Stück selbst lautete: »Das alles ist mehr grandiose Analyse eines Zustands als ein Drama. Und deshalb deutet schon diese Erstlingsarbeit darauf, daß ihre Verfasserin eine ausgezeichnete Novellistin sein wird.«

Er sollte Recht behalten. Pinthus, Herausgeber der berühmten expressionistischen Lyrik-Anthologie ›Menschheitsdämmerung‹ war es auch, der sofort die Differenz zum Expressionismus erkannte. »Ihre Urwüchsigkeit und Naturwüchsigkeit schafft sich ganz anderen Ausdruck als der explosive Schrei, der in der expressionistischen Dichtung erscholl.« Als einer der Ersten würdigte Kurt Pinthus den Rang der Marieluise Fleißer als Prosaistin; ihrer Dramatik insgesamt stand er kritischer gegenüber, ohne ihren Wert als Zeitstücke zu verkennen.

Brecht aber wollte Marieluise Fleißer als Dramatikerin herausbringen. Und nur Brecht zählte. Das Stück hieß ›Die arme Ingolstädterin‹ und spielte sich zwischen zwei jungen Dramatikern auf dem Weg nach oben ab – einem Mann und einer Frau. Die Themen waren, wie in jedem guten Drama: Sex, Macht und Geld. Geld hatte man am meisten nötig. Sex gab es reichlich, Macht wurde aus-

Kurt Pinthus (1886–1975) studierte in Freiburg, lernte 1909 den Freund Walter Hasenclever kennen, im selben Jahr kam es zur ersten Zusammenarbeit mit Ernst Rowohlt. 1912 wurde er Lektor des Kurt-Wolff-Verlags. Kriegsdienst 1915. 1918 Soldatenrat. Weitere Verlagsarbeit bis 1925. Ende 1919 erschien seine berühmte Anthologie ›Menschheitsdämmerung‹. 1937 Emigration nach New York. Seit 1943 amerikanischer Staatsbürger. 1967 Übersiedlung nach Marbach, wo er 1975 starb.

geübt und zugelassen. Drama entsteht aus Konflikten. Der Konfliktstoff hier war die Liebe.

Marieluise Fleißer war unsterblich verliebt in Brecht. Sie hielt ihn für ein Genie. Sie glaubte, er liebe sie ebenso fest und total wie sie ihn. Das war ein Irrtum. Brecht wollte nicht sie allein lieben, sondern alle Frauen – zumindest wollte er möglichst viele von ihnen vögeln. Aber noch lieber als das wollte er schreiben und Erfolg damit haben. Das wollte sie auch, und das machte sie ungleich. Denn Brecht wurde von allen als die neue Potenz akzeptiert und gefeiert. Den besonderen Rang der Fleißer erkannten damals die wenigsten. Brecht, der schlaue, wollte während und nach der Liebe, die seiner Ansicht nach

höchstens zwei Jahre durchschnittlich dauern sollte, die Besonderheit der Fleißer für seine Zwecke nutzen. Deswegen förderte er sie. Das wiederum verursachte ein Profilierungs-Problem. Die stark männlich identifizierte Schriftstellerin lernte einerseits weiblich-untergeben von ihm, was sie selbst noch nicht konnte, war sich aber andererseits ihres Eigenseins und ihres Eigensinns letztlich sicher. So, wie Brecht mit allen Leuten umsprang, musste es kra-

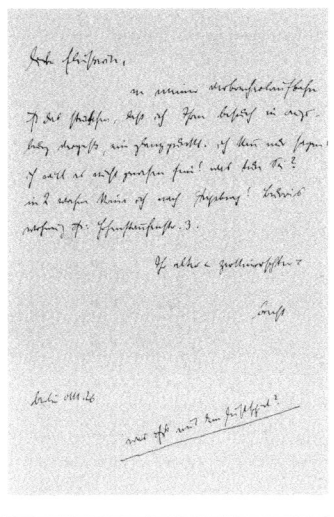

29 Kurzes Schreiben Brechts an Marieluise Fleißer

chen zwischen den beiden. Die Frage war eigentlich nur, wann.

Anfangs war alles noch erträglich – Liebe macht blind. Die Umgebung sah bald schon mehr: »Wie ich die Beziehungen zwischen ihr und Brecht sah, waren diese von Brecht aus gesehen weniger erotisch, als es bei Fleißer den Anschein hat.« So, laut Sissi Tax, Marta Feuchtwanger im Jahr 1979. Und weiter: »Er war mehr an ihrem Talent interessiert …«

Immerhin. Marieluise Fleißer blieb Brecht, wenn auch mit Irritationen, loyal verbunden. Nur einmal wagte sie den Ausbruch, scheiterte an seinem Einspruch und an ihrem darauf folgenden Fehlgriff, der sie in vermutlich schlimmere Verhältnisse trieb, als sie im Umfeld Brechts je zu erwarten gehabt hätte. Zunächst musste Marieluise Fleißer noch einige bittere Erfahrungen machen und erwachsen werden. »Man nannte erwachsen, wem ein Licht aufgegangen war über die natürliche Feindschaft unter den Menschen.«

Im Fall Brecht hieß dies erst einmal dienen und helfen, wenn es ging, durch Beobachtung lernen, sich selbst zurücknehmen und in den Augen der Welt eines seiner vielen weiblichen Anhängsel darstellen, die der Meister in praktische Kategorien einteilte: »Die Fleißer, die alles tat, was Brecht verlangte«.

Zum Beispiel verlangte er Stil. Wer selbst keinen hatte oder den falschen, wurde zu seinem Schneider geschickt, um sich die Brecht-Gang-Kluft zum Sonderpreis anmessen zu lassen, vor allem lange schwarze Marengo-Mäntel. Hüte waren problematisch. Die Frisur war vom Film in-

In seinem Erstling ›Baal‹ von 1918 / 1923 zeichnete **Brecht** einen nihilistischen Einzelkämpfer, der es sich so gut gehen lässt, wie er es den Verhältnissen abtrotzen kann. ›Trommeln in der Nacht‹ kritisierte wütend das Versagen der bürgerlichen Klasse vor, während und nach dem Ersten Weltkrieg. ›Mann ist Mann‹ (1924–1926) war die zwiespältige Auseinandersetzung mit den Kollektivismen der Zeit. Brechts Durchbruch aber kam mit der ›Dreigroschenoper‹, nicht zuletzt wegen der Musik von Kurt Weill. Seine Theorien zum Lehrstück und zum epi-

spiriert oder umgekehrt (man vergleiche den frühen Valentin-Film ›Mysterien eines Friseur-Salons‹, 1922). Brecht war eine Marke, wenn auch noch ohne Logo. Seine Produktionsweise war industriell, wie eine Fabrik, vergleichbar später mit der Warhols oder Vasarelys. Brecht war der Fabrikbesitzer, der Kreativdirektor und der Marketingmanager in einer Person. Nicht auszudenken, was er mit einem Computer zu Stande gebracht hät-

te. Die Fleißerin hatte noch nicht einmal eine eigene Schreibmaschine. Erfunden hatte er diese Arbeitsweise nicht. Schon Mitte des 19. Jahrhunderts hatte es, insbesondere im Schwäbischen, die so genannten Übersetzungsfabriken der Pfizers, Notters und wie sie alle hießen gegeben, die arbeitsteilig ausländische Literatur zu Billiglöhnen übersetzten, billiges Lesefutter für das aufkommende Proletariat. Auch Brecht zielte langfristig auf die sozialistischen Massen. Sport und Kulturkonsum sollten für alle da sein. Kultur möglichst viel von Brecht & Co.

Talente wie Marieluise Fleißer sah er vermutlich als eine Art Franchisenehmer seiner zahl- und maßlosen Projekte, die ab und an auch ein eigenes Werk denken und das im

schen Theater entwickelten sich vor diesem Hintergrund gegen Ende der Zwanziger-Jahre. Von Anfang an kultivierte Brecht ein antibürgerliches und provokantes Auftreten. Bei Karl Valentin lernte er dann populäre Unterhaltung, Parodie und Satire in Vollendung kennen.

30 Marieluise Fleißer im »Brecht-Look«, Mitte der 20er Jahre

Literatur

Einige Stücke über Jugendliche:

Wedekind, ›Frühlings Erwachen‹

Hasenclever, ›Der Sohn‹

Bronnen, ›Vatermord‹

oder

Max Mohr: ›Sirill am Wrack‹, München 1923. Uraufführung 1923 in Frankfurt/M.

Erster Akt: Markus, Sirill, Slubby stellen sich unter die Laterne.

ARKADI: Wer sind sie?
MARKUS: Arme Studenten, Herr.
SIRILL: Reiche Studenten, sie armer Herr.
SLUBBY: Stille, Sirill!
MARKUS: Er ist krank, Herr.
ARKADI: Wie kamen Sie in den Stall?
MARKUS: Wir hatten lange gehungert, wir sind eingebrochen und haben Milch gemolken und getrunken.
SIRILL: Keine Sorge, wir haben ihre Milch bereits wieder erbrochen.
MARKUS: Das ist wahr. Herr, wir tranken zu gierig. Und darum ist unser Kamerad so toller Stimmung. Wir konnten ihn nicht von seinen Torheiten zurückhalten.
SIRILL: Wir haben alles gehört, was Sie unter der Laterne schwätzten.
ARKADI: Es waren keine Geheimnisse.
SIRILL: Nein, es waren Lügen, die auf der Straße liegen. Jedes Neugeborene weiß, daß die Welt nicht alt ist –
ARKADI: Sondern?
SIRILL: Jung!

zu Max Mohr vgl. Carl-Ludwig Reichert: ›Lieber keinen Kompaß als einen falschen. Würzburg-Wolfsgrub-Shanghai. Der Schriftsteller Max Mohr (1891–1937)‹, München 1997

Volksstück

Carl Zuckmayer: ›Der fröhliche Weinberg‹, 1925

Kurt Pinthus, ›Marieluise Fleißer‹, Vortrag im Berliner Rundfunk 1928, Abdruck in ›Der Zeitgenosse‹, Marbach 1971

Zum **Elend der Übersetzer** vgl.: F. W. Hackländer, ›Europäisches Sklavenleben‹, Stuttgart 1854

Gnadenzustand auch hätten realisieren dürfen.

Die Pionierrolle Marieluise Fleißers als schreibende Frau erkannte Brecht nicht einmal ansatzweise. Ihren Erfolg schrieb er vermutlich zu einem nicht geringen Teil seinen Bemühungen zu. Auch ahnte er den Sprengstoff nicht, der in dem schlichten Faktum steckte, dass sie, die noch nicht einmal Mitte Zwanzig war, auf einmal *die* Dramatikerin der deutschsprachigen Szene war. Es fiel ihm vermutlich

31 Marieluise Fleißer Mitte der Zwanziger-Jahre

gar nicht auf, weil er sie so leicht übertrumpfen konnte. Wo sie sich mit einem Stück plagte, von dem sie ein einziges handschriftliches Exemplar besaß, da schaffte er drei, vier und hatte fünf, sechs, sieben schon im Hinterkopf und wusste alles schon ganz genau und auch, wie der Betrieb funktionierte und was er tun musste, damit alles zu seinen Gunsten lief. Kein Wunder, dass er ans Geld nicht zuletzt dachte und auf der Verlagsrente für Marieluise Fleißer bestand. Das schonte die eigenen Ressourcen und verpflichtete die Begünstigte zur Dankbarkeit. Sie kaufte sich von dem Geld gleich eine Schreibmaschine.

Es gibt keine Anzeichen dafür, dass Marieluise Fleißer zu Anfang ihrer literarischen Karriere die Aufgeregtheit,

Ingolstadt

Der Pferdebahnbetrieb wurde am 3. März 1921 eingestellt. Damit verschwand eine der liebenswertesten Eigentümlichkeiten aus dem Stadtbild.

Vergleiche: ›Alt Ingolstadt. Bilder einer Donaustadt‹. Gebr. Metz, Tübingen 1988

den Ruhm und die Akzeptanz durch ihre literarischen Freunde und Kollegen nicht in vollen Zügen genossen hat. Sie galt als entschiedene Parteigängerin einer jungen, neuen, sachlichen, weiblichen Avantgarde, noch Einzelfall, aber sicher nicht mehr allzu lang. Nur eines schien sie, die die Gepflogenheiten des Literaturbetriebs bei weitem nicht so gut kannte wie die weit professioneller arbeitenden Männer, erheblich zu irritieren. Das waren die Kritiker, insbesondere jene, die ihr Stück nicht gut fanden. Sie muss sie sehr ernst genommen haben, bis Brecht ihr schließlich klar machte, dass negative Rezensionen weit mehr der Profilierung und Standortbestimmung der Kritiker dienten als der künstlerischen Wahrheit. Er konnte sie wohl nicht ganz überzeugen, denn es fällt auf, dass Marieluise Fleißer auch später stets geflissentlich auf kritische Einwände reagierte und versuchte, es den Kritikern recht zu machen. Dies könnte auch eine Erklärung für so manche Umarbeitung sein.

Was Brecht der Marieluise Fleißer nicht beibrachte, war, Berufs- und Gefühlsleben strikt auseinander zu halten. Genau daran sollte ihr Verhältnis später scheitern.

Von der Notgeilheit der Pioniere

Brechts Haltung den »Weibern« gegenüber war pures Machotum. »Ein Jahr vögeln oder ein Jahr denken! … Für *einen* starken Gedanken würde ich jedes Weib opfern, beinahe jedes Weib. Es gibt viel weniger Gedanken als Weiber.«

Sissi Tax hat in ihrer Arbeit ›Marieluise Fleißer. Schreiben, überleben‹ auf die Defizite männlicher Intellektueller Frauen gegenüber hingewiesen und zahlreiche Belege gefunden. So auch bei Klaus Theweleit: »Mit Frauenhaß

32   Marieluise Fleißer
um 1926

haben sie wenig zu tun, aber eine gewisse Ignoranz der Realität Frau ist ihnen eigen, trotz oft zahlreicher Frauenbeziehungen.«

Theweleit sieht die Ursache dafür in männlichen Projektionen. »Ihr Wunsch nach Frauen ist nicht im Zusammenhang mit wirklichen Frauen entstanden, sondern auf der Suche nach einem Wunschterritorium. Daher ist er unterdrückerisch geblieben. Sie messen immer noch jede Frau an einem Bild ›Frau‹ …« Dass diese Projektionen in engem Zusammenhang mit dem aufkommenden Zeitalter der Massenmedien stehen könnten, entging einer psychologisierenden Betrachtung weitgehend. Tatsächlich entstanden diese »Frauenbilder« in den zahlreichen illustrierten Zeitschriften und vor allem im neuen und aufregenden Medium Film, dessen Stars sofort Vorbild-

33 und 34   Frauenmode in den 20er Jahren

charakter hatten und Rollenmodelle wurden. Auch Marieluise Fleißer trug zeitweise eine Asta-Nielsen-Frisur und
versuchte sich als Darstellerin eines privaten Stücks mit
dem Arbeitstitel ›Brecht und meine Wenigkeit‹.

»Schauspielerin mußte man sein, daß er sich unmittelbar durch die Frau ausdrücken konnte. Das war die
wahre Ergänzung für so einen Mann, das brauchte er wesentlich ... Sie machte es ihm vor, was sich darstellen ließ
und was nicht, das Irgendmögliche holte sie ihm zuliebe
heraus! ... Wenn eine bloß schrieb, die war bald abge-
fieselt, das war kein ewiges Werk. Das machte er sich
allein.«

Es ist unklar, wie hoch der Anteil der Frauen selbst an
der Produktion von Frauenbildern zu bewerten war.
Denn in wichtigen Randbereichen, wie etwa der Mode,
bestimmten sie durch ihr Konsumverhalten durchaus
selbst die Trends. Marieluise Fleißers Interesse an Mode-
fragen kam bestimmt nicht
von ungefähr, sondern
auch aus der Kenntnis der
nicht nur äußerlichen Wirkung von Kleidung und
Verkleidung. Auch in die-
sem Bereich konnte sie von
Brecht allerhand lernen,
der das neue Spiel der Su-
perzeichen gleich begriffen
hatte.

Marieluise Fleißer nahm
das alles mit dem Eifer der

Einserschülerin ernst und wichtig, zu ernst und zu wichtig. Sie konnte und wollte nicht begreifen, dass Brecht auch in der Liebe nur an Schmetterlingsspielen interessiert war. Sie hielt sich an Sätzen fest wie: »›Das wird meine Frau‹, hatte der umstrittene Dichter ganz im Anfang gesagt.«

Sie verbiss sich, folgte ihm zuerst und wurde dann trotzig. Als weithin gerühmte und gefeierte Avantgardistin versuchte sie jedoch zunächst, dem Bild der neuen Frau so explizit gerecht zu werden, wie sie es gegen innere Widerstände immer nur verkraften konnte. Dass sie dabei fast immer an Männer geriet, die dem schwer veränderlichen Typus des väterlichen Supermannes glichen, wäre nicht unbedingt notwendig gewesen, denkt man etwa an den sanften, freundlichen Dichter Klabund, der seiner Carola Neher brav das Täschchen hinterhertrug und sich ebenfalls der Gunst nicht weniger schöner Frauen, inklusive der Schwabinger Marietta, erfreute.

Es ist in diesem Zusammenhang merkwürdig, dass die Parallelen zur »sexuellen Revolution« der jüngsten Zeit übersehen wurden, als man ebenfalls versuchte, die Männer- und Frauenrollen wenn nicht gesellschaftlich, so doch wenigstens privat und modisch neu zu definieren. Dass man im privaten Bereich und in der Mode siegte, im gesellschaftlichen hingegen verlor, kann nur Illusionäre und Dummköpfe wundern. Dass in den Auseinandersetzungen der Geschlechter dennoch ein neuer männlicher Sozialtypus entstand, der partnerschaftliche Beziehungen, auch nichtmonogame, einzugehen in der Lage war,

Nachher war mir schon zum Weinen. Denn er hat immer noch so fremde Augen an sich gehabt und im ganzen Zimmer herumschauen können und ich war im ganzen Zimmer die Magd, die sich verirrte. Er streichelte mich freilich und sagte, »schau, soll es nicht gewesen sein?« Aber ich mochte nichts mehr davon wissen, mit dem Streicheln war mir nicht das Geringste geholfen. Ich war von dem, was ich ihm gegeben, um kein Haar besser und standesgemäß geworden. Darüber blieb mir das Herz still.
Marieluise Fleißer, ›Die Stunde der Magd‹ (GW III 25 f.)

wird gern übersehen, weil dieser Typus nicht dominant ist und die von den Konservativen eingeleitete gesellschaftliche Rückwärtsbewegung inzwischen wieder jede Menge alerter Haushaltsvorstände, Familienväter und Pioniersoldaten hervorgebracht hat, denen ebenso zahlreiche Karrieristinnen, Hausmütterchen und Flintenweiber gegenüberstehen. Dass verlorene gesellschaftliche Revolutionen im Privaten nicht aufgehoben werden können, weiß man nicht erst, aber spätestens seit Adorno. Auch über weibliche Projektionen wird gerade im Zusammenhang mit Marieluise Fleißer durchaus noch zu reden sein.

Damals, einige Zeit vor dem definitiven Rückschlag in den Totalitarismus des nationalsozialistischen Systems, schien alles offen oder konnte zumindest diskutiert werden. Insbesondere die Sache zwischen Männern und Frauen. Und während Brecht einen ›Baal‹ und ›Mann ist Mann‹ zu schreiben hatte, erkannte Marieluise Fleißer ihre Bestimmung, hier noch genauer hinzuschauen und das, was war, zu beschreiben, auch und gerade damit es nicht so bleiben sollte. Das ging eigentlich nicht im Drama, sondern in der Prosa.

Zwar konnte Marieluise Fleißer nicht sehr viele Erzählungen veröffentlichen, aber gleich die ersten, ›Der Apfel‹, ›Die Stunde der Magd‹, ›Abenteuer im Englischen

Der Mann [Brecht] unterminierte und der Mann faszinierte. Es war merkwürdig: wer mit ihm brach, würde es nie ganz verwinden. Wer sein Freund war, mußte es bleiben. Mit ihm war es eben doch herrlich, das gab es sonst nirgends. Und wer zu ihm hielt, wer in der besonderen Anschauung lebte von seinem Wesen und Tun, der wußte warum. Der bekam was dafür tief im Kern … Man bekam so was nicht umsonst. Man mußte bezahlen dafür. Die Sitten waren hier rauh. Für die Ostermeier war es noch nicht heraus, weil sie wie eine Schlafwandelnde lief. Sie war eine junge Studentin und mußte etwas werden. Sie hatte auf sein Betreiben keinen Doktor gemacht. Sie wollte schreiben, zuvor mußte sie leben, und umsonst war der Tod. Von daheim bekam sie blutwenig. Die Mühle zwickte, sie erlebte das ganz real.
Marieluise Fleißer, ›Avantgarde‹ (GW III 121 f.)

Garten‹, erregten kritisches Aufsehen, nicht nur bei Herbert Ihering.

Aber vorerst hing sie, ohne Universitätsabschluss, in Ingolstadt fest. Den Doktor, den sie gerne gemacht hätte, hatte ihr Brecht höchstpersönlich ausgeredet, Mittelschullehrerin wollte sie, dem Vater zum Trotz, nicht werden. Also wohnte sie wieder daheim, half im Haushalt und schrieb, nun wieder in der eigenen Langsamkeit, die sie trotz allen Bemühens auch nicht loswurde.

Brecht selbst hatte sich, die Nase im Wind des Wechsels, inzwischen nach Berlin abgesetzt. München zerfiel und verdumpfte noch mehr. Die Moderne setzte sich ab. Fahrten nach München gingen menschlich und künstlerisch zunehmend ins Leere. Brecht schrieb aus Berlin:

»liebe fleisserin dieses alte und harmvolle städtchen ist jetzt ganz abgewrackt und still ruht der see da die feinde fortfallen benutze ich stärkeren tabak … vergessen sie berlin es ist die welt aber lernen sie kartenspielen für mich nächste adresse (ab 10. juni) augsburg bleichstrasse 2 Ihr (brecht)«

Wir dürfen demzufolge annehmen, dass Marieluise Fleißer mindestens Watten gelernt hatte, das klassische bayrische Kartenspiel für zwei, als sie Brecht öfter in

Marieluise Fleißer hat Brecht auf ihre Weise ein Denkmal errichtet. Vor allem in ›Avantgarde‹, 1962, den Erzählungen ›Frühe Begegnungen‹, 1964, und ›Aus der Augustenstraße‹, 1969, und nicht zuletzt in dem frühen Stück ›Der Tiefseefisch‹ (Urfassung 1930). Ihre Produktivkräfte, nämlich Wahrnehmung, Erinnerung und Fantasie, verschmelzen dabei in femininer Imagination. Ihre Annäherung an den ganzen Menschen Brecht kann keine Idolatrie, kein Klassiker-Denkmal im üblichen Sinne sein. Ihre Perspektive richtet sich auf das, »was das Bezaubernde an ihm« war und auf »seine Fehler«. In ihrer Darstellung erscheint Brecht dennoch als charismatische und auratische Person, allerdings durch die »subjektive Brille« ihrer sprachlichen Wahrnehmung: »Der Mann«, so Jutta Sauer, »erlaubte sich viel, der Mann durfte es sich erlauben, damit fing es überhaupt an. Man mußte es mit angesehen haben, sein Spiel war bestechend, er verfügte über eine Magie.«

Augsburg besuchte und ihre schönste Zeit mit ihm verbrachte. Bei einem dieser Besuche muss sie ihm beiläufig
von einer Begebenheit in Ingolstadt erzählt haben.

»Bei uns sind Pioniere da aus Küstrin, da geht es drun-
ter und drüber, die Mädchen haben es wichtig und eine
Brücke wird über ein Altwasser gebaut.«

Brecht schaltete sofort und entwickelte ihr ein Stück,
das sie sofort schreiben sollte. Denn der Betrieb verlangte,
dass auf den Anfangserfolg der endgültige Durchbruch
folgte und dann die serielle Produktion unter dem jewei-
ligen Markenzeichen des Autors. »... das Stück muß keine richtige Handlung haben, es muß zusammengebastelt

35 Wieder
zu Hause in
Ingolstadt

sein, wie gewisse Autos … Es muß ein Vater und ein Sohn hinein, es muß ein Dienstmädchen hinein, es muß ein Auto hinein, das von einem Durchreisenden dem Sohn angedreht wird, weil es nicht mehr fährt. Die Soldaten müssen mit den Mädchen spazierengehen, ein Feldwebel muß sie schikanieren. Der Sohn sprengt am Ende die Brücke in die Luft, weil ihn der Pionier bei dem Dienstmädchen ausgestochen hat.«

Das Pech für Marieluise Fleißer war, dass sie weder von Soldaten noch von Automobilen besonders viel verstand, nur etwas von Männern und jungen Frauen. Das musste auch hier genügen. Und es genügte in der Tat.

Doch insgesamt fühlte Marieluise Fleißer sich überfordert. »Es war ein Thema für einen Mann. Sie brachte nicht einmal die Voraussetzungen mit. Ihr Instinkt war nicht politisch. Ihr träumte. Den Instinkt eben suchte er zu wecken. Als könne man von einem Tag auf den anderen befehlen.«

Brecht verlangte zu viel von ihr, »verlangte ihr ab, was nicht drin war«. Sie versuchte es natürlich und fing es an. Dann stockte es. Es ging nicht in Ingolstadt. Im Spätherbst 1926 setzte auch sie sich nach Berlin ab und blieb dort bis Herbst 1927.

Es ging auch nicht in der harten Stadt Berlin. Denn dort hatte sie niemanden außer Feuchtwanger und Brecht, die sie schon aus München kannte. Brecht wollte das Stück,

---

Pioniersteg. 1. Bild. Einmarsch der Pioniere. Musik. Berta und Alma. Bürger.
BERTA: Einen Mann möcht ich kennen.
ALMA: Sag gleich einen Pionier. Das ist doch nicht schwer.
BERTA: Ich muß immer weglaufen, wenn mich einer ansieht.
ALMA: Also, da gehst du zum Zuschaun, wenn sie die Brücke baun, eventunell. Da kommt so was von selber, eventunell.
BERTA: Was für eine Brücke?
ALMA: Die neue, über das Altwasser hinüber. Die Stadt liefert das Holz, und baun tun sie die Pioniere. Dafür muß die Stadt nicht zahlen.
BERTA: Da geht den Großen wieder was hinaus.
Marieluise Fleißer, ›Pioniere in Ingolstadt‹

sie weniger. Die Großstadt Berlin verwirrte sie und der
Ullsteinverlag, der ihr die Rente zahlte, forderte einen
Roman von ihr. Sie schaffte nichts von allem. Ob sie tatsächlich in dieser Zeit »hauptsächlich allein« war, weil
sie, laut Sissi Tax »weder von Brecht noch Feuchtwanger
richtig eingeführt« wurde, darf mit Grund bezweifelt
werden. Berlin war durchaus neugierig auf die junge
Dramatikerin. Kurt Pinthus hielt schon 1928 einen hym-
nischen Radiovortrag auf sie, und weder Brecht noch
Feuchtwanger gehörten zu denen, die ein Kapital ver-
steckten. Hier scheint sich noch ein weites Feld für ar-
chivalische Forschungen aufzutun. Viel wahrscheinlicher
ist, dass ihr nun in der Konfrontation mit der großbür-
gerlichen literarischen Welt erstmals wirklich bewusst
wurde, worauf sie sich eingelassen hatte und sie angesichts der Anforderungen an ihre Person Mutlosigkeit be-
fiel. Eine Annäherung an Helene Weigel zeigt, dass sie
die Vielweiberei Brechts akzeptierte, wie alle anderen
auch. Dass sie sie möglicherweise schwer genommen hat,
dass sie sich abgelegt fühlte, verdankte sie nicht zuletzt
ihrem unbarmherzig diagnostizierten »eigenen bockigen
Selbst«, das ihr bald zum entscheidenden Hindernis werden sollte.

»1927. Ullstein verlangt einen Roman von ihr. Sie beschäftigt sich mit einem Plan Therese von Konnersreuth …«
Wahrlich, sie ahnte den Sprengstoff wirklich nicht. Ein
auch nur ansatzweise kritischer Roman über die pichel-
steiner-hungrige Stigmatisierte und den profitablen Schwin-
del um sie herum wäre womöglich ein noch größerer
Skandal gewesen als der um die ›Pioniere‹. Hatte die

Pioniere kommen vorbei. Münsterer, Roßkopf
MÜNSTERER: Bis wir um elf Uhr am Brückenkopf einpassieren,
müssen wir eine gekannt haben.
ROSSKOPF: Das wird heute nichts mehr.
MÜNSTERER: Da läuft noch eine.

Marieluise Fleißer, ›Pioniere in Ingolstadt‹

bauernschlaue Verwandtschaft der Therese Neumann in Tateinheit mit dem Pfarrer es doch geschafft, sogar einen Protestanten zum Proselyten zu machen, nämlich den konservativen Journalisten Fritz Gerlich, der aus Stettin stammte und in München lebte. Nur wenige, wie der tapfere Anarchist Erich Mühsam, zeigten sich skeptisch und wagten es, das fromme Mirakel zu verspotten. Nach einigem Hin und Her ließ sie das Vorhaben sein.

Ein weiterer »Plan über einen amerikanischen Studenten, der zum Mörder an einem Jungen geworden ist, und

Die Resel von Konnersreuth
Fern im Süden haust das Volk der Bajuwaren.
Es erzählt von seinen Sitten und Gebräuchen
mancher kühne Forscher, der das Land befahren:
Menschen wohnen dort mit biergeschwellten Bäuchen;
fettbeherzte, glaubensstarke Menschen sinds.
Schwarze Schwaden nebeln über der Provinz.
Wohnt in Konnersreuth ein biedrer Schneidermeister.

Diesen hat der Herrgott ausersehen;
läßt in seinem schlichten Häuschen – Neumann heißt er –
höchst erstaunenswertes Wunderwerk geschehen,
als indem er sichtbar seine Zeichen weist
an Herrn Neumanns Tochter, die Therese heißt.

Jeden Freitag produziert sie Wundenmale:
mag seit Jahr und Tag nur noch Oblaten speisen.
Viele Pilger nahn auf reuiger Sandale,
welche sündenkrank zu Neumanns Resel reisen.
Bimbam! dröhnt dazu vom Kirchturm das Geläut
und den Text erklärt der Pfarr von Konnersreuth.

Schnöde Ketzer kamen ebenfalls und schwärzten
Resel an, sie sei wahrscheinlich nicht bei Troste
und gehöre in die Kur von Irrenärzten. –
Oh, wie das das Bajuwarenvolk erboste!
…
Und so pilgern denn aus aller Welt die Esel
und die pfaffendunstumnebelten Kamele
unentwegt nach Konnersreuth zur heiligen Resel,
und der Pfarrer steht dabei und hilft der Seele.
Siegreich nimmt der Wunderglaube seinen Lauf.
(Schneidermeister Neumann stockt sein Häuschen auf.)
Erich Mühsam

gerade Schlagzeilen macht …« wurde ebenfalls nicht ausgeführt.

»Im zweiten Halbjahr wieder nach München, wohnt im Isartorviertel. Im Hinterhaus schräg über den Hof wohnt Karl Valentin.« Marieluise Fleißer bewohnte ein möbliertes Zimmer in der Kanalstraße, fuhr aber immer wieder nach Ingolstadt, vor allem, um ihren Jugendfreund und Verehrer, den Sportschwimmer Bepp Haindl, zu treffen. Er stellte für sie ein verlässliches und vertrautes Gegengewicht zur Irritation Brecht dar, wie sie immer wieder betonte und sich einredete, eine weibliche Projektion, die fatale Folgen haben sollte. Im Augenblick förderte sie das Schreiben. In der Zeit nahm sie die 1926 begonnenen ›Pioniere‹ wieder auf.

Für anspruchslose Freizeitgestaltung war Haindl (der »Sportschwimmer und spätere Ehemann«) der ideale Partner. Marieluise Fleißer versuchte, das Sportlertum auch gedanklich zu erfassen. Ihr Aufsatz ›Sportgeist und Zeitkunst‹ entstand 1927 in Berlin und handelte mindestens so sehr von den jungen Künstlern wie von den Sportlern.

»Die Kunst scheint sich in Form und Inhalt von dem, was die Jugend des Volkes angeht, entfernt zu haben. Die Dinge lägen nicht so, wenn für junge und frische Leute der Weg zur Öffentlichkeit kürzer gemacht würde. Dem Publikum endlich vorgesetzt werden, die Abriegelung

wattn
da heazsima da grossima da belle da soacha
da heazachta da oachlachta da scheinachta da grosachta
da heazneina da heazzena da heazunta da heazoba da maxe
da grosneina da groszena da grosunta da grosoba da groskine
da scheinneina da scheinzena da scheinunta da scheinoba da
scheinkine
da oachlneine oachlzena oachlunta oachloba oachlkine
d heazsau d grossau d scheinsau d oachlsau d sexa kuma naus
wansd an kridischn schleggsd deafsdn poitn

*aus: benno höllteuffel, ›friß wos i sog‹, München 1971,
siehe Bibliothek der Autorin, aufgestellt in der Marieluise-
Fleißer-Gedenkstätte, Ingolstadt, Kupferstrasse 18*

durchbrochen zu haben, ist abgesehen von der Begabung, die zuerst einmal da sein muß, das Produkt einer todesverachtenden Zähigkeit im Durchhalten und, es muß leider gesagt werden, eines Zufalls.«

Im Anschluss daran folgte eine hellsichtige Definition des Sportlertums.

»Was ist Sportgeist? Echter Sportgeist ist die aggressive Einstellung eines Menschen zu seinem eigenen Körper, wobei er an Hand bestimmter schwer zu erreichender Leistungen die Linie seines natürlichen Körperwiderstandes durch seinen Willen zurückzudrängen versucht. Die einmal erzielte Sportleistung ist keine bleibende, sondern eine, die immer neu aus den feindlichen Trägheitsgesetzen des Körpers, aus seiner Neigung zum Nachlassen vorgetrieben werden muß.«

Die Konsequenz dürfte die Zustimmung aller heutigen Extremsportler finden.

»Härte gegen uns selbst tut not. Die Kräfte, die im Weltschmerz ersticken, müssen für eine entschlossene Leistung freigemacht werden. Wir müssen bei uns selber anfangen, diesen Körper, der wir sind, größer zu machen. Wir sind einmal auf diesen begrenzten lebensfähigen Körper angewiesen und müssen aus ihm herausholen, was irgend aus ihm herauszuholen ist.«

Im Unterschied zu kollektivistischen Ansätzen von rechts und links fasste Marieluise Fleißer das Sportlertum absolut individualistisch, als Willensanstrengung Einzelner, eben nicht willenloser, gleichgeschalteter Massen, auch wenn sie sich in der zeitgebundenen Diktion einer totalitären Sprache durchaus näherte. Die Beschäftigung

36   1928 mit Bepp Haindl ▶

mit dem martialischen Preußen Kleist im Aufsatz ›Der Heinrich Kleist der Novellen‹ und mit den Pionieren aus Küstrin mag hierbei ebenfalls eine Rolle gespielt haben. Entscheidend war die Willensanstrengung, das von Brecht geordnete Drama zu vollenden. »... beendet die Pioniere. 1928. Zurück nach Ingolstadt. 25. März Urauf-

führung der Pioniere an der Komödie Dresden durch Renato Mordo.«

Der Inhalt ist schnell zusammengefasst: Ein Trupp Küstriner Pioniere wird nach Ingolstadt verlegt. Sie sollen eine Brücke bauen. Die Stadt, so ist der Handel, liefert das Holz und die Brücke bleibt stehen. Die Pioniere sind jung und geil und wollen mit den willigen Mädchen der Stadt vögeln. Die wollen auch, manche lieber als mit den einheimischen Burschen. Es kommt zu Vorfällen. Nachdem die Pioniere abgezogen sind, ist wieder Ruhe.

Die Aufführung verlief ohne erwähnenswerte Vorfälle. Es gab Zustimmung und Verrisse, wie es sich gehörte. Es war keine Sensation. Brecht war unzufrieden mit dem Ergebnis. Marieluise Fleißer trotzkopfte, zumindest privat,

37 Uraufführung der ›Pioniere
in Ingolstadt‹

und tat sich wider Gefühl und besseres Wissen mit dem Sports- und angehenden Geschäftsmann Josef Haindl, genannt Bepp, zusammen, den sogar seine Eltern ausgenutzt hatten und der daraufhin wild entschlossen war, sein eigenes Glück nicht nur im Schwimmbecken zu zwingen. »Wird von dem Sportschwimmer und seinem neugegründeten Geschäft sehr in Anspruch genommen, gibt seinem Drängen nach und verlobt sich mit ihm. Aber er bräuchte eine andere Frau. Schreibt ›Ein Pfund Orangen‹ und ›Die Ziege‹.«

Ihrer Großmutter setzte sie ein Denkmal in der Erzählung ›Das kleine Leben‹, später ›Des Staates gute Bürgerin‹.

Natürlich kam sie so nicht wirklich von Brecht los. Und machte in beiden Fällen den entscheidenden Fehler, Gefühl und Geschäfte durcheinander zu bringen.

Brückenbaustelle. Die Brücke ist fast fertig. Pioniere machen letzte Handgriffe. Es wird mit Scheinwerfern gearbeitet. Berta und Korl kommen aus dem Gebüsch
BERTA: War das alles?
KORL: Warum? Hat dir was gefehlt?
BERTA: Wir haben was ausgelassen, was wichtig ist. Die Liebe haben wir ausgelassen.
KORL: Eine Liebe muß keine dabei sein.
BERTA: Das ist mir jetzt ganz arg.
KORL: Berta, ich muß mich einreihn. Du kannst hier nicht bleiben. Du gehst jetzt am besten weg.
BERTA: Ich kann es nicht. So kann es nicht aus sein. Warum sind die Männer morgen schon fort?
KORL: Berta, ich habe es dir bis jetzt nicht gesagt, für uns ist Abmarsch. Wir gehn diese Nacht noch zurück nach Küstrin.
BERTA: Man muß mir doch Zeit lassen.
KORL: Wir sind im Vortrupp. Wir sind immer die ersten.
BERTA: Das geht doch nicht. Ich bin damit noch nicht fertig.
KORL: Das mußt du abschneiden, Berta. Einfach abschneiden. Andere müssen es auch.
BERTA: Aber ich kann so nicht leben.
KORL: Du wirst müssen.
Marieluise Fleißer, ›Pioniere in Ingolstadt‹

38   Der Pioniersteg in Ingolstadt

Literatur

Erich Mühsam, in: ›Ausgewählte Werke‹, Bd. 1, Berlin 1985
siehe auch:

Fritz Gerlich: ›Die stigmatisierte Therese Neumann von Konnersreuth‹, 1929

sissi tax: ›marieluise fleißer. schreiben/überleben. ein biographischer versuch‹, 1984

Klaus Theweleit: ›Männerphantasien‹, Frankfurt/M. 1977

Tiefseefischerei in Berlin

Das Stück ›Pioniere in Ingolstadt‹ war keine besonders lustige Komödie, dafür ein von allerhand Anwendungen Brecht'scher Lehren geprägtes Baukastenstück geworden. Der Titel stammte diesmal von Marieluise Fleißer selbst. Sie hatte das Betriebsprinzip der Redundanz also begriffen. Der Schriftzug Ingolstadt war ja bereits Markenzeichen der örtlichen Gießerei, die weltweit exportierte. ›Pioniere‹ war kein Psychodrama wie ›Fegefeuer‹, sondern eine Autopsie der sozialen Milieus der Stadt, wie sie miteinander umgingen.

Wieder gelang es Marieluise Fleißer, starke Typen auf die Bühne zu bringen. Der grobe Pionier Korl, der die Liebessehnsucht des Dienstmädchens Berta ausbeutet, das Kleinstadtflitscherl Alma, das den dummen Fabian bekommt, der eigentlich die Berta möchte – das waren Paraderollen für junge begabte Schauspieler, auch wenn Marieluise Fleißer nicht immer souverän wirkte.

39 Marieluise Fleißer (links) Ende der 20er Jahre in Berlin

Wie im Sportaufsatz interessierte sie auch hier das Kollektiv nicht. Es ging um das kleine und große Unglück der einzelnen Personen, um die Sache zwischen Männern und Frauen. Das war ihr Thema, egal in welcher Verfremdung. Das zeitgenössische Sittenbild entstand ganz von selbst aus ihrer Kenntnis der lokalen Verhältnisse. Da brauchte sie nicht zu recherchieren. Und wenn nicht rational, so doch instinktiv erkannte sie die autoritären Strukturen des Militärapparats als Pendant zur zivilen Unterdrückung, die sie am eigenen Leib erfuhr. Glück in der Unfreiheit als unmöglich darzustellen ergibt keine Komödie. Hier half nur ein funktional eingesetzter, manchmal bemühter Sprachwitz. Der war aber nur stellenweise möglich. Anderswo sprach die nackte Brutalität. Wobei der berüchtigte Satz von Korl: »Einen Fetzen muß man aus euch machen« sich wahrscheinlich nicht auf einen Ausspruch von Brecht bezog, sondern eine Reminiszenz an Weickers Roman darstellte.

Insgesamt fühlte sich Marieluise Fleißer mit dem neuen Stück nicht besonders wohl. Die Selbstzweifel schlugen sich bald in einem Aufsatz über ›Das dramatische Empfinden bei den Frauen‹ nieder.

Wenn der bloße Kampf ein Drama wäre, hätten schon viele Frauen Dramen geschrieben. Aber zum sogenannten wohlabgewogenen Bau hat sie kein inneres Verhältnis. Sie fühlt die Forderung, die in jedem Stück liegt, daß es zu einem bestimmten Punkt aufsteigen muß, noch sehr dumpf, sieht nicht die einzige klar gezogene Linie. Es ist denn auch der Einwand, den man immer wieder gegen die Stücke von Frauen erhebt, daß sie nicht gebaut sind. Wenn eine Frau an das Stück denkt, das sie schreiben will, sieht sie einzelne Szenen vor sich, meisterhaft in ihrer in kurzen Sätzen herwachsenden Verdichtung, wirksam, weil Sachen darin gesagt werden, die allgemein angehn und so lebendig gesagt, daß sie einem bis unter die Haut gehen; aber die Vereinigung der Szenen ... geht für sie lediglich im Unterbewußtsein vor sich durch den steigenden Druck der Atmosphäre. Hier ist der Punkt, wo sie einsetzen muß, wenn sie zulernen will, alles andere ist da.

Marieluise Fleißer, ›Das dramatische Empfinden
bei den Frauen‹ (GW IV, S. 409)

Den Fortgang der Dinge beschreibt Günther Lutz: »Fleißer wäre wohl nicht traurig gewesen, wenn das Kapitel ›Pioniere in Ingolstadt‹ mit der Dresdner Aufführung für sie abgeschlossen gewesen wäre. Sie dachte nicht mehr an das Drama, bis Brecht sie per Telegramm aufforderte, nach Berlin zu kommen, ihr Stück solle inszeniert werden.«

Die Sache hatte einen Hintergrund: »Brecht hatte inzwischen in Berlin mit seiner ›Dreigroschenoper‹ einen sensationellen Erfolg errungen. Das Stück wurde monatelang im Theater am Schiffbauerdamm vor ausverkauftem Hause gespielt … Nach dem Brechtstück … wollten sie Peter Martin Lampels ›Giftgas über Berlin‹ aufführen, ein Drama, das kritisch illegale Machenschaften der Reichswehr beleuchtet. Der Polizei gelang es … die Aufführung des Stücks zu unterbinden. Aufricht suchte nach einem Ersatz … Brecht empfahl ihm die ›Pioniere in Ingolstadt‹.«

40 Aufführung der ›Pioniere in Ingolstadt‹ 1929 in Berlin (Regie: Bertolt Brecht; mit Lotte Lenya als Alma)

Es wurde nun hektisch. »Nach nur dreiwöchiger Proben-
zeit sollte die Premiere stattfinden. Brecht holte als offi-
ziellen Regisseur seinen alten Freund Jacob Geis …« Geis
aber sollte nur der Strohmann sein für Brecht, der das
Stück selbst inszenieren wollte, um die Schmerzgrenze
sowohl des dortigen Publikums als auch der immer massiver agierenden politischen Rechten auszutesten. Er po-
litisierte das Stück und suchte den Konflikt. Marieluise
Fleißer, die im März 1929 nach Berlin kam, hatte von dieser Entwicklung keine Ahnung, ihr lag das Stück selbst
noch im Magen.

Dieses wiederum benutzte Brecht in all seiner geniali-
schen Selbstherrlichkeit als Baukasten, der immer wieder
neu arrangiert werden konnte. Er strich und verlangte
von der Autorin bessere Witze und größere Frechheiten.
Also schrieb sie während der Proben und reichte ihre
Zettel auf die Bühne. Irgendwann brach sie zusammen.
Nichts ging mehr.

Die Generalprobe lief ohne sie ab. Brecht allein hatte
das Sagen und gab noch kräftig Pfeffer dazu, zum Beispiel eine Entjungferung in der Kiste und Sex auf dem
Friedhof. Damit schaffte er sogar das abgebrühte Berliner
Premierenpublikum. Die Darsteller taten ihr Bestes. Hil-
de Körber, Lotte Lenya, Peter Lorre und Albert Hoerr-
mann ragten heraus, trugen das Stück über seine Untie-
fen hinweg. Dennoch kam es zum allseits gewünschten
und provozierten Aufruhr im Publikum.

Besonders verärgert war der Polizeivizepräsident von
Berlin, der auch einmal in Ingolstadt gedient hatte. Er
drohte mit Aufführungsverbot und forderte Streichun-

Sie konnte nicht mehr hin-
schreiben, nicht einmal ihren
Namen. Ihr versagte sich
jedes einzelne Wort.
Marieluise Fleißer über ihren
Zusammenbruch bei der Arbeit
während der Proben an den
›Pionieren‹ in Berlin

gen. Es war ein zünftiger Skandal, und mindestens einer hatte Anlass zu klammheimlicher Freude. Die Autorin nicht.

Die Kritiken waren linkerseits emphatisch, allen voran Kerr, der sich zum Fleißer-Fan gemausert hatte, wie er ihr auf den selbst befohlenen Anruf hin gleich telefonisch mitteilte. Die Freunde Ihering, Pinthus und Polgar standen ebenfalls ganz hinter ihr, wobei der kluge Pinthus Brechts Einmischung ahnte, von der loyalen Autorin aber beruhigt wurde.

41   Alfred Kerr

›Die Pioniere‹ waren ein Erfolgsstück. Es gab über vierzig Aufführungen. Marieluise Fleißer war nun jemand. Das hätte sie noch mehr freuen können, hätte sie sich nicht zugleich so viele unerbittliche Feinde gemacht. Die rechte Presse schäumte. Alles, von Paul Fechter bis Franz Servaes, schüttete Dreck auf Marieluise Fleißer, die Frau, die es gewagt hatte, einen zeitgemäßen weiblichen Standpunkt zu beziehen. Die Schande war zwar, was auch damals jeder vernunftbegabte Mensch wusste, auf der Männerseite, aber sie repräsentierten den alten Typus, der wieder an die Macht wollte, koste es, was es wolle, und sie hatten das dumpfe Ressentiment der Ewiggestrigen

Alfred Kerr, eigtl. Kempner (1867–1948). Theaterkritiker und Schriftsteller. Seine brillanten, meist subjektiven Kritiken stützten seine These von der Kritik als eigenständiger Kunstform. Seit der Jahrhundertwende übte er großen Einfluss auf Literatur und Theater aus.

Unter anderem propagierte er den Naturalismus Ibsens und Hauptmanns. Er trat auch als Lyriker und Verfasser von Reisebeschreibungen hervor.

hinter sich. Die durch und durch verunsicherte Fleißerin war das ideale Opferlamm.

Sie hatte den Sprengstoff in ihrer Komödie nicht geahnt. Der Nachhall der Berliner Explosion war noch im fernen Ingolstadt undeutlich hörbar. Dort, wo man ohnehin »einen Hock«, also eine Wut auf das preußische Gschwerl* hatte und das auf einem »Bayerntag« auch formulierte, war man nun auch noch beleidigt worden. Von einer Abtrünnigen, einer Nestbeschmutzerin. Freilich wusste man erst einmal nichts Genaues. Denn keine Ingolstädter Zeitung hatte einen eigenen Reporter zur Premiere einer Ingolstädterin bis nach Berlin geschickt, nicht einmal einen Korrespondentenbericht hatte man bestellt. Man wusste also nur, was die Berliner Zeitungen schrieben. Eine Rezension des Stücks war in Form eines ›Offenen Briefs‹ an den Bürgermeister von Ingolstadt adressiert. Das nahmen die Ingolstädter als Faktum und waren noch beleidigter, anstatt das Stück zu lesen. Das sparte man sich geflissentlich. Genau hier setzte Marieluise Fleißer in ihrem überlegten und überlegenen Verteidigungsbrief an den Ingolstädter Oberbürgermeister an.

»Sehr geehrter Herr Oberbürgermeister von Ingolstadt! Liebe Mitbürger! Sie haben gegen mein Stück ›Pioniere in Ingolstadt‹ protestiert und es ein gemeines Machwerk, ein Schmähstück, ein Schandstück genannt. Warum denn gleich so hitzig? Sie haben ja die Aufführung nicht einmal gesehen, auch das Stück nicht gelesen, da es niemand zugänglich war. Waren Sie da nicht ein bißchen leichtsinnig, Herr Oberbürgermeister? Wie kann man sich denn gleich bis in die Ausübung seiner Amtsfunktio-

---

* Gschwerl, bairisch für unsolide, verdächtige Menschen, Lumpen

nen hinein auf das, was ein paar Zeitungen schreiben, verlassen. Und standen Ihrer den Zeitungen entnommener Ansicht ja andere große Zeitungen entgegen. Haben Sie sich denn nicht das ganze Material angesehen, bevor Sie etwas taten, was Sie immerhin kompromittieren konnte? Oder wollten Sie vielleicht blind sein?«

Es hatte natürlich keinen Sinn und eskalierte bis zu einer Klage der Marieluise Fleißer gegen den uneinsichti-

42   Marieluise Fleißer Anfang
der 30er Jahre

gen Amtsinhaber, bei der sie in der zweiten Instanz sogar
obsiegte. Aber da war es schon viel zu spät, denn das Furunkel war noch keineswegs aufgegangen. »Es wird Früh-
ling, und die Säfte steigen. Mir scheint, daß Sie in dieser
unruhigen Zeit an einem etwas bösen Furunkel leiden.
Wenn dies Furunkel aufgegangen ist, werden Sie wieder
gesünder sein.«

Trotzdem: Das war gescheit, witzig, ein wenig frech
und erfrischend antiautoritär der verbiesterten Hohlköp-
figkeit daheim gegenüber, wo der edeldamische Ritter
Haindl Bepp gegen fast seinen ganzen Sportverein stehen
und seine ausgeflippte Braut verteidigen musste, was er
mit der Bravour des sinnlos Verliebten tat. Man konnte
sich, hatte es den Anschein, besinnungslos auf ihn verlassen, mitten in der Weltwirtschaftskrise eine Seltenheit.
Wenn er an seine künftige Belohnung dachte, wurde ihm
ganz heiß. So heiß, dass er es in Ingolstadt gar nicht mehr
aushielt und immer leidenschaftlichere Briefe nach Berlin
schrieb, wo sein Herzl berühmt und sicher auch bald
maßlos reich wurde, dass es für einen Laden, wenn nicht
gar für ein ganzes Hallenbad reichen würde. Es war
schon kein Traum mehr, es war eine handfeste Spekulation gegen die Realitäten.

Feuchtwanger, der sich als väterliche Reserve im Hintergrund hielt, roch die Lunte als Erster und warnte

Er kramte einen Bankzettel hervor, daß sie ihn unterschrieb, damit seine Bank ihre Unterschrift kannte. Und dann schluchzte er
auf, weil dies sein Äußerstes war und mehr konnte er in Wahrheit nicht bieten. Sie hörte hin und wollte vergehn. Sie sah, dieser Mann war von der Liebe geschlagen. Wieder zog er sie auf
den Schoß und nichts sättigte ihn. Ich sitze auf dem Schoß von
einem verhinderten Mörder, fiel es ihr ein. Er hatte ihr Vollmacht erteilt, bevor er wegfuhr daheim, war dann hergefahren
mit einem Messer, umbringen wollte er sie, und hatte es geplant,
nicht umsonst hatte er sein Messer so gut versteckt. Er hatte ihr
Vollmacht erteilt bei seiner Bank, gleichzeitig wollte er ihr ans
Geld, das sie doch verdient haben mußte mit diesem Stück, und
brachte mein und dein immer durcheinander.

Marieluise Fleißer, ›Avantgarde‹ (GW III, S. 166 f.)

Marieluise Fleißer, die sich gerade unter nicht geringen Schmerzen von Brecht getrennt hatte. Sie war empört über dessen zynische Reaktion auf den Skandal und vor allem darüber, dass er sie mit den Folgen gänzlich allein gelassen hatte, wie mit einem Besenkammer-Balg. Dass Brecht – sie war kaum aus der Tür – die Weigel richtig geheiratet hatte, hatte sie schon nicht mehr mitgekriegt. Ihre Nerven brachen zusammen.

Brechts Arzt kurierte sie. Was sich im fernen Ingolstadt in Haindls Kopf zusammengebraut hatte, konnte sie seinen wirren, aber zunehmend besitzergreifenden Briefen entnehmen. Der lebenskluge Feuchtwanger riet ihr, ihn nach Berlin zu holen, auf für ihn unsicheres Terrain, und ihm dort die Verlobung aufzukündigen, die sie ja nun nicht mehr brauchte, da sie fast ausschließlich als Gegengewicht zu Brecht installiert worden war. Und nach Ingolstadt konnte und wollte sie so schnell nicht mehr zurück. Hatte ihr doch sogar der Vater in einem aufgeregten Brief Hausverbot erteilt und ihr nur im Fall der Heirat mit Josef Haindl Pardon gewähren wollen. Das ließ ihr Trotz aber nicht zu. Also wurde der Feuchtwanger-Plan trotz seiner Unvorhersehbarkeiten in Szene gesetzt.

43   Bepp Haindl

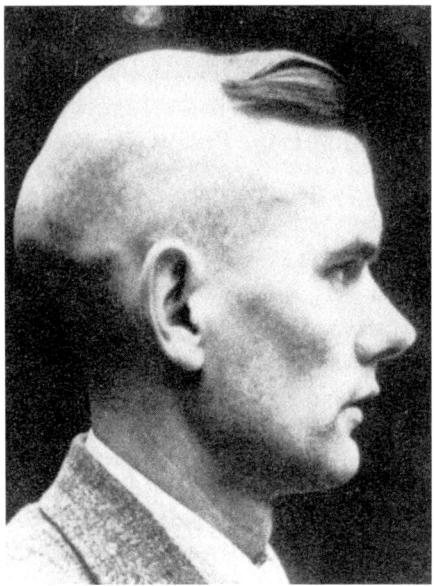

Haindl machte sich auf die lange Reise. Er witterte den großen Coup und gedachte, Nägel mit Köpfen zu machen. Im Gepäck hatte er eine Bankvollmacht für Marieluise Fleißer, ein großes Messer und seine Schwimmer-Anatomie. Durch den Kopf gingen ihm Hallenbad, Tabakladen und die Frau, die er jetzt endlich bekommen würde.

Die Abfuhr, die sie ihm erteilte, verkraftete er kaum. Von ihr geopfert zu werden hielt er nicht aus. Er wollte die Situation umdrehen, zog sogar das Messer. Damit erzwang er aber nichts als einen interesselosen Beischlaf und die Tatsache, dass sie den Verlobungsring aus Angst vor

44 Hellmut Draws-Tychsen

seiner Wut doch behielt. Dann schickte Marieluise Fleißer ihn heim, nach anderthalb Chaostagen, wollte sich auch nicht auf einen Tabakladen in Berlin einlassen, jedenfalls nicht mit ihm, da konnte er ihr sogar mit Selbstmord drohen. Den Ring schickte sie ihm später mit der Post.

Sie war ihn vorerst los und hatte später reichlich Stoff zum Schreiben. Denn sie hatte seine Spekulation durchschaut. »Gewiß war sie schon reich. Die Leute daheim rechneten ihr den hohen Eintrittspreis nach, multipliziert mit soundsoviel. Sie flüsterten, das ganze Geld sei das ihre, sie mußte ja ein Vermögen verdient haben mit so einem Stück, das sich schon so lange hielt. Das Vermögen machte Verschiedenes gut. Er zum Beispiel war ihr nicht einmal böse wegen dem Stück. ›Du mußt der Stadt ein Hallenbad baun, dann wird dir die Stadt schon wieder verzeihn, das bringe ich dann schon wieder hin. Ein Hallenbad brauchen die nötig, die können sonst nie im Winter trainieren … Ein Hallenbad fehlt da schon lang.‹ Das war sein größerer Wunsch. Er selbst war schon mit einem Trainingsanzug zufrieden, den sie ihm zu schicken versprach, weil er immer wieder auf diesen Trainingsanzug zurückkam.«

Erst nach der Desillusionierung – die Einkünfte aus dem Stück wurden gegen die Verlagsrente verrechnet – drehte der Nickl, wie er in der Erzählung ›Avantgarde‹ hieß, durch und setzte der Cilly das Messer auf die blanke Brust und gab keine Ruhe mehr.

Marieluise Fleißer war nun wieder frei, »vogelfrei sogar«. Aber nicht lange, denn schon drohte die nächste Männerkatastrophe.

Ohne einen festen Mann konnte sie anscheinend gar nicht mehr sein. Und doch war es verheerend für eine Frau, wenn sie schreibt, sie durfte das gar nicht wirklich wollen. Der Mann stand noch dazu rechts …

Marieluise Fleißer, ›Avantgarde‹ (GW III, S. 166 f.)

> Am schlimmsten ist der Typus Retter ... Die Bekanntschaft mit dem Retter ist natürlich immer ein Mißgriff und entspringt momentaner Sentimentalität oder einer unangenehmen Situation, die durch ihn behoben wird – oder, wenn man sich gerade mit jemand anders gezankt hat. Man fällt ihm bei irgendeiner Gelegenheit in die Arme.
>
> *Franziska zu Reventlow über den Typus »Retter«*

Der Mann hieß Hellmut Draws-Tychsen, war ein rechter Knallkopf und verkrachter Journalist, der eiskalt seine letzte Chance wahrnahm, im Betrieb Fuß zu fassen, indem er sich an eine Prominente hängte wie eine Zecke. Schon seit April 1929 stieg er Marieluise Fleißer nach und wollte sie kennen lernen, weil sie »in aller Leute Munde« war.

Vielleicht war es seine auffällige äußere Erscheinung, die Marieluise Fleißer beeindruckte. Leptosom, glatzköpfig, mit einem Haarwisch über der Stirn, gab er sich als selbstbewusster Exzentriker, der die Tatsache, dass er nicht allzu viel im Hirn hatte, durch Äußerlichkeiten überspielte. Die Schickeria der wilden Zwanzigerjahre nahm ihm das gern ab. Marieluise Fleißer gegenüber gab er, wenn schon, den Lederstrumpf, den edlen Weltläufer und Retter.

Draws-Tychsen warf sich mit Kraftworten insbesondere gegen Brecht – »elender Literast« – öffentlich zum Beschützer Marieluise Fleißers auf, die er zwar, wie alle Frauen, für tendenziell unschöpferisch hielt, aber im Einklang mit dem mystischen Blutstrom, der aus dem völkischen Boden entspringen sollte und die »Gnade der Heimat« verhieß.

Hellmut Draws-Tychsen
Lyrik, Dramas, Essays, Novellen, Übersetzung; Völkerkunde.
* 1904 zu Elbing in Westpreußen; seine Vorfahren stammen aus Danzig und Schweden. Er veröffentlichte Sammlungen von lettischen, estnischen und litauischen Märchen, Arbeiten über die Völker Polynesiens und Siams, Übersetzungen von Dichtungen aus Siam, Hawaii, Samos, Spanien, Schweden, Norwegen und Ungarn, gab Aufzeichnungen und Oden Franz von Sonnenbergs (›Frankreich und Deutschland‹) heraus. Kam 1943 ins KZ Riga,

TÜTÜ: Die Fotos vom Japanischen Theater, rasch. Die Drachen-echse von Kommodo. Das Bild vom amerikanischen Massenmör-der, rasch. Die Bekenntnisse des Augustinus. Den neuen Wallace, rasch. Ich will alles griffbereit haben, was ich zu meiner geisti-gen Nahrung benötige.

WOLLANK: Ich würde mir zur Abwechslung auch einmal was sel-ber zusammensuchen.

TÜTÜ: Achten Sie darauf, daß in der Vorhölle das Schweigegebot eingehalten wird. Die jungen Leute bekommen mir zuviel mit. Die Mitglieder der Staffel B sind verpflichtet, sich aller Vertrau-lichkeiten zu enthalten.

WOLLANK: Furchtbar sind diese Frauen, die um Sie herumwim-meln und von denen jede in einer anderen Hilfeleistung erstirbt.

TÜTÜ: Ich sehe nicht ein, warum ich nicht nehmen soll, was ich haben kann. Ich habe daraus ein System gemacht. Alles, was mich anregen kann, wird an mich herangetragen, ohne daß ich einen Finger rühren muß. Alle Kleinarbeit, welche die Nerven unnötig verschleißt, bleibt mir erspart.

Marieluise Fleißer, ›Der Tiefseefisch‹

Sie folgte ihm, anfangs wie hypnotisiert, bald aber er-nüchtert, durch zahlreiche Eskapaden, schaute immer ge-nauer hin und wurde durch ihn zur Real-Satirikerin. Vielleicht gingen ihr auch aufgrund seiner Kitsch-Lyrik die Augen auf:

»Du hast einen Kranz von harten braunen Strähnen,
Der verwirrt Dir oftmals in die Stirne fällt,
Wenn aus Deinem kreideweißen Ring von Zähnen …«
Nein, Rilke war das nicht.
»Steigt das leise Wort von Deiner Wunderwelt.«

weil er – wie schon im Spani-schen Bürgerkrieg für die Bas-ken u. Katalanen – für die ver-gewaltigten baltischen Völker eintrat; er wurde erst bei Kriegsende aus dem KZ Maut-hausen befreit. Nach dem Krieg war er wieder Journalist, ver-waltete den Nachlass von Paul Scheerbart und gab seine eige-nen Texte neu heraus. Er starb 1974.

Vi hava förlovat oss och glädjas åt att där-
om kunna underrätta vänner och bekanta.

Wir haben uns verlobt und freuen uns, Freunden und Bekannten davon Nachricht zu geben.

MARIELUISE FLEISSER
HELLMUT DRAWS-TYCHSEN

Ingolstadt/Donau   Berlin N 65
Lund, Schweden, 11. 8. 1929.
Östra Mårtensgatan 5 b · Frau Thulin
St. Gråbrödersgat. 3 b · Frau Ekberg

Vielleicht genoss sie aber auch den Sexualkitsch, den er
ihr in bester Patriarchenmanier auftischte.

»Dieses Lachen will ich in die Hände nehmen,
Schlürfen es wie alten edlen Wein
Und Du brauchst Dich nicht der großen Stunde
                                        schämen,
Wo du Weib wirst und ich trete zu Dir ein.«

Was wesentlich schlimmer war: Draws mischte sich massiv und destruktiv in Marieluise Fleißers Karriere ein,
und sie ließ es zu, wenn auch erst nach einigem Widerstand. Er gab keine Ruhe, bis sie den Verlag wechselte
und von Ullstein zu Gustav Kiepenheuer ging. Mitte Juli

45 Verlobungsankündigung

46 Marieluise
Fleißer und
Hellmut Draws-
Tychsen

bis September 1929 unternahmen sie eine gemeinsame
Reise nach Schweden, wo sie sich auch verlobten. Die literarische Szene zumindest Berlins war endgültig ge-
schockt, in der Folge auch über die zeit- und hautnahen
Veröffentlichungen Marieluise Fleißers über die Bizarre-
rien ihrer Beziehung.

Draws eröffnete wenig galant im Berliner ›Börsen-Courier‹: »Nach Abfassung des zweiten Aufzugs meiner weh-
leidigen Komödie überkam mich eine innere Erleuchtung

> Ich lege mir einen kleinen
> Katechismus an, den ich am
> Morgen nachlese, damit ich
> mir merke, wie Draws be-
> handelt werden muß: er ist
> ein rohes Ei.
> *Marieluise Fleißer*

und ich verlobte mich stracks mit meiner Coeurdame, die, trotz ihrer bajuwarischen Biernase, nebenbei gesagt, gute Novellen und – wie schrecklich! – auch schlechte Komödien schreibt.« Marieluise Fleißer konterte mit gnadenloser Satire, die freilich die Zeitgenossen gar nicht erreichte: »An dem Tag, an dem wir uns verloben, haben wir einige Löffel Staubzucker zu essen. Mit Draws ist das nicht einfach. Draws ist der geborene Aristokrat und hat die starrsten Ansichten über die Ehe. Er nimmt mir verschiedene Schwüre ab, die keinem anderen Mann einfallen würden. Das macht, weil Draws so krank ist, weil Draws sich nur ein paar Jahre gibt und weiterleben will

TÜTÜ: Ich mache da einen Schachzug. Es sollte uns gelingen, den Mann, von dem die Bloßstellung ausgeht, mit Gruppe 28 zu verschmelzen, so daß er sich damit identifizieren muß.

WOLLANK: Das bringen nicht einmal Sie fertig.

TÜTÜ: Ich halte das nicht für unmöglich, wenn man ihm das Wasser im Mund zusammenlaufen läßt durch eine Verlockung. Ich habe Mister X herbestellt.

WOLLANK: Das ist heller Wahnsinn. Der Mann steckt doch in ganz anderen Voraussetzungen drin.

TÜTÜ: Er wird sich anpassen, wenn man ihm echte Chancen gibt. Und dadurch fällt er sich selbst in den Rücken. Er kann nicht mehr gegen uns an.

WOLLANK: Sie schaden sich durch Ihre plötzlichen Sprünge.

TÜTÜ: Mann, ich muß elastisch bleiben.

WOLLANK: Sie können nicht ein plötzliches Interesse an diesem Mann zugeben, bloß weil er ihnen eine Freundin abspenstig machte.

TÜTÜ: Ich will wissen, was an dem Mann daran ist. Ich kann nicht über meinen Abneigungen hundert Jahre alt werden. Ich ziehe keinen Antrieb mehr daraus. Ich habe Appetit auf neue Gesichtspunkte. Man muß frisch sein. Ich liebe die frischen Entschlüsse.

WOLLANK: Sie haben einen unerhörten Verbrauch an Menschen. Sie verwirren Ihre besten Leute. Sie bringen sogar mich in Gegensatz zu Ihnen.

TÜTÜ: Fortgesetzt verrate ich meine Freunde.

Marieluise Fleißer, ›Der Tiefseefisch‹

```
hH
Hellmut Braws _Tychsen   Marieluise Fleisser

Ich habe dich sehr lieb.
Ich bin auch dein alter Vater.
Quo usque tandem abutere Catilina patientia ø
nostra°? Memento homo , quia pulvis est ,et in
pulverem reverteris!
Ich will ein Mungo haben .
Redakteure sind meistenteils Arschlöcher .
Kennst du den grossen Gabbo?
Marieluise ist ein nettes Kind .
Xø l'ä
```

47 Aufzeich-
nungen von
Draws-Tychsen

nach seinem Tod durch einen Kult. ›So sind die Westpreußen‹, sagt er.«

»Preußenzipfel« nennt man so einen abschätzig in Ingolstadt und Umgebung. Und das mag auch ein bisschen
ihre schräge Beziehung erklären. Draws, übrigens in Wirklichkeit Ostpreuße, war das absolute Kontrastprogramm
zu den Süddeutschen Brecht und Haindl, das weltan-
schaulich wie kulturell Andere, das die verliebte Schriftstellerin durchaus eine Zeit lang zu faszinieren vermochte.
Ihr Röntgenblick zwang sie dabei zur scharfen (Selbst-)
Beobachtung.

Draws disziplinierte seine Verlobte. Das haben Preußen
wohl so an sich. Aber es war nur scheinbar und nur im
Privaten. Die Liebe mischte sich mit Auflehnung. Ihr Blick
wurde schärfer. »Er ist, auch wenn er schläft, ein Diktator.«
Aber er war nicht langweilig, er hielt sie auf Trab, er zwang
sie, schreibend Geld zu verdienen, weil er keines hatte
und viel verbrauchte, und er hatte manchmal sogar den
Durchblick: »Redakteure sind meistenteils Arschlöcher.«

Dieser unvermeidliche und absolut nötige Fortschritt [der Neu-
en Sachlichkeit, CLR] wird eine reaktionäre Angelegenheit sein,
das ist es, was ich behaupten möchte: Die Neue Sachlichkeit ist
reaktionär.

Bert Brecht im Jahr 1928

Seine eigene Komödie war jämmerlich. Diejenige, die Marieluise Fleißer in der Zeit zu schreiben begann, hatte das Zeug zu einer der besseren deutschen Literatur-Satiren.

Es ging um die Brecht'sche Fabrik, um den eitlen Draws, um Literatur und Leben. Das Unternehmen stieß auf großes Interesse, vielleicht hoffte man sogar allgemein auf einen neuen Skandal. Doch der stellte sich nicht ein. Niemand war am Privaten interessiert. Marieluise Fleißer las ohne große Resonanz zwei Mal öffentlich aus dem Stück. 1930 erschien ein Vorabdruck unter dem Titel ›Jonnys Dichtfabrik. Ein Gespräch über amerikanische Methoden‹ im Berliner ›Börsen-Courier‹, einem Organ der völkisch-nationalen Rechten. Das signalisierte den Seitenwechsel der Marieluise Fleißer und den offenen Bruch auch im Politischen. Dann intervenierte Brecht. Sie zog das Stück sofort zurück. Enttäuschte Liebe hin, Geschäft her. Wieder hatte die Literatur den Kürzeren gezogen.

Es war allein ihre Schuld. Sie hielt es für ihr Unglück und so setzte sich der Wirrwarr aus Geschäften und Gefühlen fort, ohne je wieder entzerrt zu werden. Nicht in den Texten und schon gar nicht im wirklichen Leben.

Die Modelle für die Rollen waren höchst durchsichtig. Tütü war Brecht, Wollank der von ihm eine Zeit lang favorisierte Hannes Küpper, Dichter des Poems ›He! He! The Iron Man!‹, ein Vertreter der Neuen Sachlichkeit, der

Hellmut Draws-Tychsen
Lyrik: ›Mein Westpreußenland‹, 1929;
›Requiem und Hymnen für Cecilie Tychsen (1794–1812)‹, 1930;
›Nordische Gedichte. Auslese eines Jahrzehnts‹, 1932;
›Glanzgedicht für Prinz Kahanamoku von Hawaii‹, 1938;
›Meer-Gedichte‹, 1948;
Komödie: ›Die Dame mit den Silberspitzenfingern‹, 1933;
›Opernprobe‹, 1935
u. a.
Erzähltes: ›Westpreußische Originale. Eine schwippe Mandel heiterer heimatlicher Erlebnisse‹, 1936;
›Sprenkel auf der Iris. Eine Mozart-Geschichte‹, 1942.
(nach: Karl August Kutzbach: ›Autorenlexikon der Gegenwart. Schöne Literatur in deutscher Sprache‹, Bonn 1949)

sich in der Folge zum Technik-Fetischisten und weiter zum Parteigänger der Nazis entwickeln sollte, genau, wie Brecht vorhergesehen hatte.

Mit Mister X baute Marieluise Fleißer Draws zu einem Anti-Popanz zu Brecht auf, ein deutliches Signal für die Maßlosigkeit ihrer Projektionen auf Ersteren. Denn natürlich spielte Draws in der Literaturszene der Zeit niemals eine Brecht auch nur entfernt vergleichbare Rolle. Es war aber auch klar, was Marieluise Fleißer an Draws wirklich interessierte. Er war auf seine Art ein noch entschiedenerer Außenseiter als Brecht. Zumindest an abseitiger Erotik und abgedrehter Exotik übertraf der bleiche, infantile Westpreuße das dauervögelnde Macho-Genie aus Augsburg um Längen. Dass er noch ärmer war als sie, mochte ihr zunehmend weniger gefallen.

Über seine Geldnöte verbreitete sich Draws-Tychsen 1930 in dem Artikel: ›SOS!!! Notschrei eines jungen

Frisuren oder Irokesen in der Südsee?
Fast so hartnäckig wie der »niederbayrische Dialekt« zieht sich die Behauptung durch die Sekundärliteratur, Draws habe einen Irokesen-Haarschnitt getragen, sei damit eine Art Punk-Vorläufer gewesen. Ursprung des Irrtums ist das übliche Unvermögen, zu lesen, was dasteht. Im ständig zitierten Text ›Baustein Knabenliebe‹ der Marieluise Fleißer steht: »... die Nase macht es einem leicht, man kann sich daran vergaffen, man kann sich daran vergessen und nimmt auch das Büschchen hin, den winzig braunen Busch auf dem kantigen Kopf, der rundherum glatt rasiert ist, als prahle er ausdrucksstark mit seinen sämtlichen Ecken. Die Frisur ist sein besonderer Einfall, es ist eine Südseefrisur. Sie macht Reklame für einen ausgefallenen Beruf. Einen Orientalisten nennt er sich gern.«
Gleich darunter, auf derselben Seite 165 der Taschenbuch-Ausgabe ist die bekannte Fotographie abgebildet. Unterschrift: »Hellmut Draws-Tychsen (im Irokesen-Look).«
So viel zur ethnologischen Kompetenz von Suhrkamp-Lektoren.
vgl. Marieluise Fleißer: Der ›Tiefseefisch. Text, Fragmente, Materialien‹. Herausgegeben von Wend Kässens und Michael Töteberg. suhrkamp taschenbuch 683, 1980. vgl. auch: Carl-Ludwig Reichert: ›Red Power. Indianisches Sein und Bewußtsein heute‹, München 1974.

deutsch-danziger Dichters‹ in der Zeitschrift ›Der Autor‹
und in der ›Germania‹. Natürlich waren alle schuld außer dem Autor, der die überragende Qualität seiner Dichtung ohne jeden Selbstzweifel voraussetzte. Weswegen er
in geschwollener schlechtdeutscher mächtig alliterieren-
der Prosa loslegte:

»Diese Zeilen darstellen die Flucht eines Einsamen und
zugleich Abseitigen in eine breitere Öffentlichkeit. Diese
Zeilen zeugen von dem wirtschaftlichen Elend eines jungen Schaffenden, dem die Stützen einer selbstgefällig
regierenden Partei oder einer allmächtig herrschenden
Clique fehlen. Ich habe Jahre geschwiegen und Jahre geduldet. Jetzt ist mein Mund zum Bersten voll und er soll
einmal aufstöhnen dürfen, daß es weithin über ganz
Deutschland gehört werde. Wer eintritt für uns, die uns
fast niemand kennt, wenn wir nicht selbst für uns eintreten? Generaldirektoren und Intendanten mit hochfahren-
den Worten hinter dicken Goldgebissen reden rasselnd,
daß es keine begabten deutschen Stücke gebe. Kurzlebige
Lappalien oder inhaltleere Schmachtfetzen des Auslan-
des beherrschen den deutschsprachigen Bühnenspielplan
allerorten. In dem unermeßlichen Meere solcher seichten
Waren müssen natürlich die wenigen wertbeständigen
deutschen Bühnenwerke, die immer wieder und wieder
hervorgebracht werden, lautlos versinken und irgendwo
zu unfruchtbaren Gestaden verschwiegener Schreibtische
abschwemmen.«

Wer jemals Stücke wie ›Die Opernprobe‹ oder ›Ringel-
reihen‹ gelesen hat, weiß, warum.

Sobald die Künste verblühn,
Kommt Wissenschaft in Gunst.
Sie lohnt auch Handwerksmühn,
Denn Wissen ist keine Kunst.

Paul Heyse, ›Spruchbüchlein‹, 1885

Auf der Romanstraße

Drei Mal war Marieluise Fleißer nun kurz nacheinander das Ziel männlicher Spekulationen geworden. Da war Brecht, der erfolgreich auf den Skandal gesetzt hatte, ohne sich um die Folgen für sie zu kümmern. Da war Haindl, der, wiewohl allseits verwirrt, doch vor allem auf ihren vermeintlichen Reichtum scharf war. Zuletzt kam noch Draws dazu, der auf eine große Zukunft spekulierte, die er auf ihrem Rücken errichten wollte wie ein Mausoleum oder einen Glaspalast. Drei Mal hatte sie es zugelassen und Gefühl über Geschäft gestellt oder beides heillos durcheinander gebracht. Drei Mal hatte sie die Zeche zu bezahlen.

48   Hellmut Draws-
Tychsen

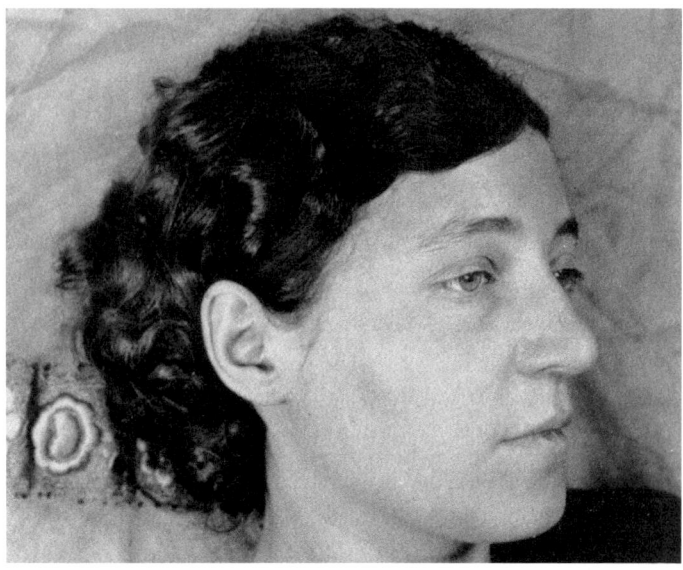

Denn auch der anachronistische Exot und Scheerbart-Epigone Draws erwies sich auf lange Sicht als eher geschäftsschädigend. Er brachte selbst nichts zu Stande und lebte von ihrer Arbeit. Er verlor seinen Redakteursposten, da man ihn als Verräter betrachtete, und wurde seine Texte nur schwer los. Marieluise Fleißer hingegen wurde nach wie vor von den großen Berliner Zeitungen gedruckt, weswegen der arrogante junge Max Frisch glaubte, sie bei Gelegenheit als Journalistin abbürsten zu dürfen. Draws steuerte kaum etwas zur gemeinsamen Haushaltskasse bei und war ein schlechter Manager. Zu-

49 Marieluise Fleißer um 1932

dem waren die Auflagenzahlen beim neuen Verlag eher niedrig, obwohl ihr Lektor Hermann Kesten sich bemühte. Von ihrem ersten Buch ›Ein Pfund Orangen und neun andere Geschichten der Marieluise Fleißer aus Ingolstadt‹ – das Markenzeichen durfte auch hier nicht fehlen, wirkte aber nicht mehr – wurden bis 1933 an die 2400 Exemplare verkauft. ›Andorranische Abenteuer‹ von 1932 wurde in nur 374 Exemplaren abgesetzt und ist somit im Antiquariat das seltenste der Fleißer-Bücher.

Je erfolgloser, desto tyrannischer wurde Draws. Marieluise Fleißer, die noch ein schlechtes Gewissen wegen der ersten Verlobungsauflösung hatte, zwang sich, auch in den »irrsten Augenblicken« durchzuhalten. Sie wollte den Dingen auf den Urgrund gehen, vielleicht war es auch eine Portion pervertierten Sportsgeistes, mit Sicherheit war es Masochismus, camoufliert nur von Draws »erzieherisch« eingesetzter Asexualität. Es war die Hölle. »Eine Hölle mit dem Stichwort privat.«

Draws sah sie in einer verqueren Projektion als »gefallenen Engel«. Schon der Begriff aus der katholischen Mythologie verweist auf den religiösen Hintergrund der Selbstbestrafung. Masochisten, Märtyrer, Flagellanten bildeten seit jeher das Personal fromm verbogener Sexualität, die im marianischen Jungfräulichkeitskult gipfelte, der Wollust der Verklemmten. Schuldgefühle, insbesondere sexueller Art, haben meist einen religiösen Hintergrund. Die freie Liebe zwischen freien Menschen war damals noch kaum angedacht. Auch in Avantgardekreisen wurde verlobt und verheiratet, wie es sich gutbürgerlich-monogamistisch gehörte. Weshalb Marieluise Fleißer denn

Vielleicht müßte das Schuldgefühl der Entlobung vorher sein, damit sie weiß, warum sie aushält in den irrsten Augenblicken, warum sie das alles verdient. 1. Akt. Wir sehen nur ihre Verzauberung, ihr Ziehen von Willen und Standhaftigkeit aus einer fernen fremden Kraft. Die Vorstellungen vom Tiefseefisch müssen große Wucht annehmen. Man erwartet sich einen Typ Christus, einen Wundertäter.

Marieluise Fleißer

> Wissen Sie, daß es einen Staat gibt, der Hineinreisenden die Hälfte
> des tarifmäßigen Fahrgeldes und Hinausreisenden das Dreifache
> abnimmt, also eine raffinierte und versteckte Ausländersteuer
> erhebt? Der Staat ist natürlich sehr klein. »Man muß eben recht-
> zeitig merken, wenn einem das Fell über die Ohren gezogen
> wird«, pflegt Draws zu sagen und fällt immer wieder herein.
> Warum sollen wir nicht in Liechtenstein, dem Fürstentum der
> verschobenen Devisen, hereinfallen?
>   *Marieluise Fleißer, ›Andorranische Abenteuer‹ (EA, S. 159)*

auch mit ihrem Maria-Magdalena-Komplex ständig auf einen alles verzeihenden Ersatzchristus zu warten schien.

Den drei Jahre jüngeren Quengel Draws durfte Marieluise Fleißer auch noch bemuttern. Sie mochte es nicht.
Sie mochte auch den Hypochonder nicht und nicht den
Psychopathen, der manchmal durch die blasse Haut
schimmerte; den Soziopathen mochte sie schon eher, den
nach eigenen Gesetzen gründelnden pseudowichtigen
Tiefseefisch und den clownesken Reisebegleiter, der sogar
zu Einfällen fähig war, vorausgesetzt, man hatte Geld.

Denn Draws reiste gern. Für Marieluise Fleißer eine
neue Erfahrung. Mit Haindl war sie gerade einmal bis
nach Österreich gekommen. Jetzt reichte es vom Juli bis

50 Anfang eines Briefs an Hellmut Draws-Tychsen vom 24.4.1933,
in dem sie erstmals versucht, die Verlobung mit Draws zu lösen:
»Lieber Draws, der Schritt, den ich im Folgenden unternehme,
steht schon seit einiger Zeit in mir fest.«

September 1929 für Schweden und im Jahr 1930 für Frankreich, Spanien, Liechtenstein und Andorra. Das war ein Hauch von Paradies, wenn auch aus weiter Ferne. Das richtige Paradies lag jedenfalls am Meer, da war sich Marieluise Fleißer sicher.

»Draws bleibt in der Sonne liegen wie ein regloser Stein. Ich laufe allein nach dem Wasser. Am Meer kann ich mich nicht fassen vor innerem Schwingen. Ich werfe und rolle mich nahe dem Ufer, wie die Wellen wollen, schlage mit den Armen um mich und singe aus vollem Halse, was ich Gott sei Dank nicht höre. Ich möchte ganz anders an das Wasser heran. Ich möchte es kratzen, beißen, festhalten. Hier ist es herrlich. Der Wind will einen fressen. Die Sonne will einen fressen. Und der Sand wird einem unterm Leib weggefressen. Weiter unten reiten zwei nackte Menschen auf einem Pferd ins Wasser. Das Meer hat erschreckend satte Farben mit leuchtendem Blau und prallem Flaschengrün. Draußen flattern lange gelbe Lachen, als ob sie flammenden Bernstein weinen. Betäubt und glücklich setze ich mich mit dem Gesicht nach dem Land und sehe den zurückweichenden Wellen zu, wie sie in den dunklen Sand, aus dem deutlich der Schatten der Feuchte fliegt, züngelnd weiße Linien schreiben. Es wird ein ganzes Gewirr von zarten Salzbändern, bis eine Welle weiter als alle vordringt und alles auslöscht.« (›Andorranische Abenteuer‹)

Marieluise Fleißer lernte, lockerer zu schreiben, was manche Kritiker, die auf schwer Verdauliches über Ingolstadt abonniert waren, enttäuschte. Man konnte es kei-

Reiseliteratur der 20er und 30er Jahre

Arnold Höllriegel
Max Dauthendey
Johnny Rieger
Klaus und Katja Mann: ›Quer durch!‹
Friedrich von Reck-Malleczéwen: ›Sven entdeckt das Paradies‹

Sekundärliteratur:

Bernhard Diebold: ›Anarchie im Drama‹

nem recht machen. Nur Walter Benjamin war einigerma-
ßen zufrieden. Und er sollte Recht behalten. Denn diese
Texte sind auffällig frisch geblieben und gehören zum
Besten, was die Reiseliteratur der Zeit hervorbrachte.

Kaum zurück, begann die Arbeit an einem schnellen
Roman, den sie dem Verlag schuldete. Marieluise Fleißer
profitierte stilistisch von einer neuen Unbekümmertheit

> Dies ist der vierte Tag, seitdem Gustl Amricht, Genußmittel, aus
> frommem Eigensinn seinen eigenen Laden am Bitteren Stein auf-
> gemacht hat. Vergangen sind die drei bangen Tage, in denen
> kein Christenmensch über seine Schwelle trat. Gustl Amricht
> steht hinter dem Ladentisch in seinem Sonntagsanzug mit wei-
> chen Knien. Hat er sich überschätzt? Ist die Lage nicht gut? Hat
> er sich beim Vertrag hereinlegen lassen? Fünfzehn Schritte von
> ihm entfernt tobt der Verkehr. Das kann doch nicht wie abge-
> schnitten sein. Sie kennen sein Gesicht, jawohl. Sie kennen ihn
> als langjährigen Verkäufer aus derselben Branche. Es ist nicht der
> erste Laden, den er eingerichtet hat. Gott war ihm schon einmal
> gnädig in der Danubienstraße. Den nahmen ihm seine Eltern ab,
> als der Laden lief, und er schickte sich darein als ein ehrbarer
> Sohn. Er würde ihn doch einmal bekommen. Aber jetzt war er
> zum Mann erwacht und wollte nicht mehr darauf warten, bis sie
> gestorben waren. Und sie waren keine Unmenschen. Sie drückten
> ihm das Geld und die Waren in die Hand, damit er sich wieder
> selbständig machen konnte. Man darf nicht verlangen, daß die
> Leute nach drei Tagen einen neuen Laden mit Gewalt auskaufen
> wollen, und, was den Verkehr anbelangt, der da in fünfzehn
> Schritt Entfernung tobt, so ist es geradeheraus gesagt ein relati-
> ves Toben. Was darf man von einer Stadt mit siebzehntausend
> Einwohnern und dreitausend Arbeitslosen anders erwarten?
> *Marieluise Fleißer, ›Mehlreisende Frieda Geier‹*

in formalen Dingen, von einer durch die journalistische
Tätigkeit erworbenen Professionalität und Routine, die
bewundernswert war. Und sie fand diesmal den Dreh, die
autobiographische Verankerung nicht zum Selbstzweck
werden zu lassen. Natürlich war es ein Schlüsselroman.
Es ist unverständlich, wie ein Literaturwissenschaftler (!)
annehmen konnte, der gegenteilige Romanvorspruch habe einen anderen Sinn gehabt als den, eventuelle Klagen

◀ 51 Marieluise Fleißer um 1930

zu verhindern. Aber die Entschlüsselung war nicht sensationell. Denn die Personen waren nicht weltbewegend. Ein Sportschwimmer, der einen Tabakladen aufzieht, und die Mehlreisende Frieda Geier, eine auffällig selbstständige, geradezu emanzipierte Person, die so in der kleinstädtischen Wirklichkeit, die hier wieder sehr genau geschildert wurde, garantiert nicht vorkam.

In ihrem ersten Roman vom ›Rauchen, Sporteln, Lieben und Verkaufen‹ erwies sich Marieluise Fleißer erneut als Konstrukteurin einer »unbarmherzigen Idylle«, als deren Erfinderin sie Bernhard Diebold anläßlich ihres Erzählbandes gewürdigt hatte. Mit einem einfachen, aber oft verwendeten Schlüsselroman-Trick spaltete sie den eigenen autobiographischen Anteil in zwei Personen: die eigensinnige und selbstbestimmte Frieda und deren kleine Schwester, die Klosterschülerin Linchen, die das Opfer einer Erpressung des von Frieda abgewiesenen Sportschwimmers Gustl Amricht werden soll. Der eigentliche Schurke des Romans aber ist ein verkrachter Student namens Scharrer, der, wegen einer misslungenen Erpressung seines Arbeitgebers entlassen, gleich einen ganzen Zug in die Luft sprengen will, was wiederum Gustl heldenhaft verhindert. Davor und danach und dazwischen geht es um den Laden, der nicht läuft, und die Liebe, die nicht gleichberechtigt ist.

»Frieda ist ja nicht abgeneigt, nach ihrer Arbeitszeit das Gröbste zu beseitigen. Anders ist es schon, wenn sie merkt, da er darauf pocht. Sie kann in den Tod nicht leiden, wenn sich Männer auf die jahrtausendealten Instinkte des geknechteten Weibes verlassen und ihm aus System

Das hat man sich also angetan aus Fleischeslust.
Marieluise Fleißer,
›Mehlreisende Frieda Geier‹

den lästigen und undankbaren Teil der Arbeit zuschie-
ben. Sie ist nicht die Lenksamste unter den Frauen und
gebraucht den Verstand auf ihre eigene Weise. ... Wie
soll das einmal werden, wenn Frieda heiratet? Dann ade,
schöne Selbständigkeit! ›Daran darf ich noch gar nicht
denken‹, sagt Frieda. ... Gustl fragt allen Ernstes, ob sie
sich bei ihm nicht auslebt. ›Ausleben, ja‹, kommt es ge-
dehnt. Wenn sie das eine Kleinigkeit nennt, ist Gustl
machtlos und Frieda ein Rätsel. Es fehlt eben was. ›Dir

52 Das Haus in der Theresien-
straße 1, der frühere Tabak-
warenladen von Bepp Haindl.
Im 3. Stock wohnte nach dem
Krieg bis 1953 die junge Familie
Reichert.

fehlen Prügel.‹ ›Das muß man erst können.‹ ›Was?‹ Gustl
schnaubt verächtlich, denn jetzt hat Gustl unter Können
natürlich die reinen Körperkräfte verstanden, ein Beweis,
wie einsam Frieda neben ihm lebt. ›Dazu müßte ich dir
denn doch erst das Recht geben‹, spricht deutlich Luzi-
fers Tochter. ›Ich würde nämlich sofort von dir gehn.‹«

Es ist sicher keine Überinterpretation, dass Marieluise
Fleißer hier ein durchsetzungsfähiges und emanzipiertes
Idealbild ihrer selbst zeichnete und dadurch der demüti-
genden Draws-Wirklichkeit ein Gegenbild schuf, ihn
wohl auch literarisch wissen ließ, wo die Grenze selbst
ihres Duldens war. Andere bekannte Kernsätze Fleißerschen Schreibens tauchen auch im Roman auf, wörtlich in
die Erzählungen übernommen oder umgekehrt.

»Ich stelle dich vor die Wahl«, ruft er, »Frieda. Du wirst
mich sofort heiraten, oder ich werde dich demütigen, wie
nie eine Frau gedemütigt wurde. Einen Fetzen werde ich

Der Massenandrang nach den gehobenen Berufen rächt sich. Die
akademische Bildung ist in dem Maße entwertet, als sie sich
verbreitet hat. In der Zwischenzeit haben die jungen Menschen
Jahre in der Großstadt verbracht. Es wird ihnen zu eng in den
Verhältnissen zu Hause … Zugegeben, in jedem Beruf findet eine verzweifelte Auswahl der Tüchtigsten statt. Aber häufig genug entscheidet die Beziehung, das Privileg der Kaste, der bloße
Zufall, wer zuerst da war. Das macht es den jungen Menschen
schwer. Wenn man sie damit abspeist, daß sie in einer Über-
gangszeit sich befinden, ein Massenschicksal erleiden, dann ver-
langen sie, daß dies Massenschicksal alle ohne Unterschied trifft.
Sie werden daran irre, daß es Bevorzugte gibt, und fallen Gedanken anheim, die wie Keimstoffe in der Luft liegen und an Anarchie und Verbrechen streifen. … Um nicht müßig zu gehen,
springen sie in Gelegenheitsberufe ein, in die man leicht Zutritt
findet und in denen man schwer etwas erreicht, werden Reisende, Vertreter von Firmen, Agenten auf eigene Rechnung, immer
mit einem Fuß draußen, wissend, daß man sie zum alten Eisen
schmeißt, wenn sie verbraucht sind. Ein Härtekrampf bildet sich
in den edelsten von ihnen, der Fanatismus der Verzweiflung, ein
Zug nicht ohne Größe: Frieda Geier hat ihn.
Marieluise Fleißer, ›Mehlreisende Frieda Geier.
Roman vom Rauchen, Sporteln, Lieben und Verkaufen‹

aus dir machen, damit niemand mehr etwas mit dir zu tun haben will, Frieda. Ich werde immer dann kommen, wenn du es am wenigsten denkst, Frieda. Ich werde hinter dir her sein wie das böse Gewissen, Frieda. Es gibt keinen Ort der Erde, an dem du dich vor mir verbergen kannst, Frieda. Ich werde dich an den Haaren über den ganzen Erdball schleifen, Frieda.«

Gustl hat die Geschäftsfrau Frieda gerettet, als sie versucht hat, sich umzubringen, und will seine Beute danach nie mehr hergeben. Die Beziehung hilft ihm, endlich den Fängen seiner dominanten Mutter zu entkommen, die ihn über die Sohnespflicht hinaus ausnutzt, und ein richtiger Mann zu werden, später sogar eine Zierde für den Verein, der bei der finalen Komödienstadel-Rauferei in der Antonius-Schwaige vier Vorderzähne lässt, wie es sich gehört.

»Auf geht's, Kinder!« Hei, wie die Sportler die Stühle mitsamt den Maurern vom Boden lüpfen! Die Maurer haben die größere Wucht, aber sie sind schwerfällig wie Lokomotiven. Die Sportler winden sich wie die Eidechsen durch und wissen manchen Griff, an dem es dem Gegner bestimmt ist, durch eigene Kraft zu zerschellen. Gustl hat sich soeben mit dem Paintner in der Wolle und nimmt ihn mächtig in die Schere. Er stößt dabei Laute einer entzückten Raserei aus. Am Zeck bricht sein Mann dreimal das Stuhlbein ab, und er läßt sich nicht darin stören, seinerseits an ihm einen Maßkrug zu zerteppern. »Die Metzger wenn da wären!«, ruft er unausgesetzt seinen Psalm. »Ewig schad, daß die Metzger nicht da sind!« … Zehn Minuten später sind die gefürchteten Maurer siegreich aus dem Feld geschlagen. … Auch Gustl rappelt

… auch hier die Kleinstadt des Südens der Hintergrund, vor dem einige prachtvolle volkstümliche Gestalten agieren. Diese Frau vermag nicht nur das Milieu bayrischer Kraftbullen bis zur solennen Keilerei am Schluß wirkungsvoll zu zeichnen, sie findet auch ihre eigene Sprache, die wechselt zwischen hymnisch-bewegter Idylle und scharf-ironischer Parodie.

›Rhein-Mainische Volkszeitung‹

sich aus seinem Winkel auf und spuckt vier Vorderzähne in ein sauberes Taschentuch, dass es rasselt. ›Schön war's doch!‹, pfeift er wonnig aus seinen sämtlichen Lücken. Dann schlägt er auf einen ganz gebliebenen Tisch, zitiert den grantigen Wirt und bestellt eine Siegerrunde.«

Eine bereits in der Erstausgabe vorhandene hellsichtige jugendanalytische Passage wurde meist übersehen, obwohl sie das bei Marieluise Fleißer durchgängige Motiv der Suche nach dem gesellschaftlichen Ort junger Menschen explizit formuliert. Etablierte Kritiker und Literaturprofessoren gar scheinen dafür kein Sensorium zu haben.

Die Kritiker des Romans beschäftigte wieder einmal hauptsächlich das bayrische Kleinstadt-Kolorit, so dass z. B. eine schon in der Erstausgabe vorhandene hellsichtige Passage, die die Situation Jugendlicher in der Kleinstadt treffend analysiert, unbeachtet blieb.

Die Schilderung des gesellschaftlichen Sprengstoffs, der in kleinbürgerlichen Verhältnissen lag, wurde nicht begriffen, da Marieluise Fleißer sie sprachlich verschlüsselt, wenn nicht »verdrawst« hatte.

»Die Stadt, die nicht leben und nicht sterben kann, der mystische Leib, aus den Voraussetzungen des Mittelalters entstanden, weist immer noch vereinzelte Schutzinseln auf, Familien, die Glück gehabt haben oder in einer bevorzugten Branche sitzen, deren Mutterboden noch trägt … Wenn die Entwurzelten auf eine Schutzinsel stoßen, erliegen sie der übermächtigen Versuchung, sich fallen zu lassen, sich hier zu vergraben, blind und fromm wie diese zu werden. Und doch kann ihres Bleibens auf dieser Insel nicht sein. Es ist zu spät für sie; die Fähigkeit

Ingolstadt 18. Dezember 1931
Liebe Luise, – Dein Buch vom Lieben, Rauchen und Sporteln habe ich am 30. November vom Verlag erhalten; es war Andreastag: ich ging an dem Tag meinem Vater zur Erinnerung in die heilige Messe um 10 Uhr und habe dann auch gleich deinem Buch zu Ehren den ganzen Tag gefeiert und mich Deiner Lektüre gewidmet. In Ingolstadt wird ja doch schon mancher vermuten, da das ganze schon doch so teilweise ein Schlüsselroman

des gläubigen Friedens ist ihnen verlorengegangen. Sie sind nicht mehr Brot im Volkskörper. Ihnen bleibt nur ein Ausweg: sein Salz zu werden. Eines Tages treibt es sie wieder hinaus. Oder sie zerstören die Insel, wenn sie sie nicht rechtzeitig verlassen.«

Der Vater erhielt ein Belegexemplar, offenbar mit der Aufforderung zum diskreten Umgang damit.

Die rechte Presse in Ingolstadt reagierte primitiv und schweinisch, wie es ihrer Klientel entsprach. »Sie kann sich nicht genug tun in der Darstellung des Triebhaften, des Animalischen, der niedersten Instinkte. Man weiß noch, wie rüpelhaft sich ihre ›Pioniere in Ingolstadt‹ benahmen, so rüpelhaft, daß es zu einem wirklichen Prozeß mit dem Ingolstädter Oberhaupt kam. Sie verließ auch ihre Heimat Ingolstadt, zog nach Berlin, und man kann sich des Eindrucks nicht erwehren, daß sie nun vom Romanischen Kaffee aus dem ›Erdgeruch der Scholle‹ nachspürt, der hier allerdings oft mit den Düften des Komposthaufens verwechselt wird. Saftig geht es zu in diesem Buch, in dem die Menschen nur als bekleidete Tiere gesehen sind. Und die Kleider werden ihnen auch noch alle Seiten lang heruntergerissen.«

So warb der rechtsradikale ›Donaubote‹ seinerseits unter den neugierigen Ingolstädtern für die Pflichtlektüre zur kollektiven Entrüstung über das, was sie nur zu gut kannten, weil sie es selbst waren, die hier unverheuchelt und für ihr Selbstverständnis viel zu wahrhaft gezeichnet wurden. Hätten sie doch lieber den ›Simplicissimus‹ gelesen. »Frieda Geier und Gustl Amricht, beide Einwohner einer bayrischen Kleinstadt (siehe Ingolstadt) geraten an-

ist, wenn das auch ganz vorne anders gedruckt steht … Selbstverständlich werde ich Deinem Rat das Buch nicht auszuleihen nachkommen und an die Kinder weitergeben. Hier habe ich bis jetzt in keiner Zeitung etwas über das Buch gelesen, sollte etwas kommen, werde ich Dir das dann zusenden … ich danke Dir für das Buch.

Brief vom Vater

einander: erst in Liebe, was man so Liebe nennt, dann über die Frage, ob sie sich heiraten sollten. Das alles ist mit einem herben Humor erzählt, mit einem überlegenen Lächeln, das keinen Augenblick die Menschlichkeit verliert, mit einer bayrischen Ironie bester Prägung. Ein famoses Buch!«

Es blieb ihr einziger Roman.

Die Ladnerin

Ein Hauptmotiv Marieluise Fleißers, so erkannte Sissi Tax, ist das Ideal der ökonomisch selbstständigen und so vom Mann unabhängigen Frau, wie es Frieda Geier verkörpert. Denn individuelle Freiheit, individuelles Glück ist weder in kollektivistischen noch in ethnischen Gesellschaften möglich. Und im Kapitalismus ist Geld das Über-Lebensmittel, das freie Zeit, also Leben, kauft. Nicht zuletzt aus diesem Grund ist das Leben der Arbeitslosen und der Kreativen so anstrengend. »Wie lange noch werden Dichter verhungern und darben müssen, ohne daß jemand überhaupt Notiz von ihren Leiden nimmt?«

Marieluise Fleißer war Dichterin in chaotischen und armseligen Zeiten. Vielleicht aus diesem Grund reflektierte sie nun auch in größeren Zusammenhängen. »Stellt euch vor, Kinder, werde ich sagen, in was für einer Zwickmühle sich damals die Frauen befanden. Vor dem Gesetz waren die sogenannten Frauenrechte längst errungen. Der wahre Kampf aber um die persönliche Würde der schaffenden Frau begann erst. Er wurde ausgetragen zwischen den Allernächsten, denen, die sich am meisten liebten und fürs Leben zusammengehörten. Die Frauen, die auf eigenen Füßen standen, wollten nicht etwa Mannweiber sein; diese Unart einer Bewegung, die in den Kinderschuhen steckt, hatten sie längst wieder abgestreift. Sie wußten recht gut, daß sie den Schutz des Mannes

Literatur
Knut Hamsun, ›Hunger‹, 1891
Leonid Andreev, ›König Hunger‹, 1908
Johan Bojer, ›Der große Hunger‹, 1916
Karl Valentin, ›Ich bin ein armer magerer Mann‹, 1916
Franz Kafka, ›Ein Hungerkünstler‹, 1922
Musik
Bob Marley, ›Them Belly Full (But We Hungry)‹, 1974

nicht entbehren konnten. Sie wollten neben ihm ganze und richtige Frauen werden, mit der freudig getragenen Pflicht des Freien an Stelle der Fron des Sklaven. Die Frauen hatten also umgelernt, die Männer nicht.«

Diesen neuen Frauen- und den alten Männertypus hat Marieluise Fleißer in ihrem Roman exemplarisch, aber nicht unversöhnlich vorgeführt. Doch mit dem schnell geschriebenen Text war ihre kreative Kraft auf lange Zeit hin erschöpft. Es kam kein Drama mehr und kein weiterer Roman, es gelangen nur schwache Zeitungsstücke, von denen sie sich später distanzierte. »In Gefahren- und Notzeiten wird die Lage der Frau automatisch schlechter«, hatte sie erkannt, und das betraf nicht nur die Ökonomie, sondern auch die Kreativität.

53 Der Nationalsozialismus
wird die herrschende Macht.

Der Vater, zu dem sie langsam wieder mehr Kontakt bekam, befand sich ebenfalls in einer schwierigen Lage.

»12. Februar 1932
Liebe Luise
Deine Zeilen möchte ich nun doch schon einmal beantworten; aber ich war so platt und wie auf den Kopf gehauen, als ich Deinen Brief gelesen hatte, daß ich tagelang ganz traurig war; ich war nun immer schon seit langem deinetwegen so ganz ohne Bangen und nun klopft auch diese Sorge wieder an; Wenn Du nun kommst würde es mich recht freuen, wenn Du nicht nur als unnützer Besuch bei Deinem Vater sein möchtest, sondern uns auch ein bischen zu Hilfe kommen willst ...

54 Vater Fleißer in späteren Jahren

Das Geschäft ist ja nun überall miserabel, dazu hat vorne noch der Fent das schöne Kempterhaus in Händen mit den Riesenschaufenstern voll Werkzeuge und Eisenwaren und da kommen die Kunden immer weniger in unsere Seitenstraße und zu mir und in der Werkstätte kann ich mit meinen 64 Jahren einfach nicht mehr mitthun und ist mir Alles bis auf den Hals herauf zum Ekel oft und muß nun doch so weiterwerkeln bis zum letzten Tage meines Lebens, wenn ich noch weiter existieren will, so habe ich mir das Ende einst nicht gedacht.«

Wenn es dem soliden Handwerk schon so schlecht ging, konnte es um die brotlose Literatur nicht gut bestellt sein. Im Gegenteil, sie war sogar gefährlich. Der besorgte Vater ahnte den Sprengstoff besser voraus und versuchte sich als besorgt-kritischer Vorzensor. »Du bist noch jung f. deinen Beruf, wirst sicher auch noch nachdenklicher u.

55 Berlin im Jahr 1933

wenn du die heikligen Dinge aus Deiner Feder verschwin-
den lassen könntest würdest Du mehr Auflagen erleben.
An Kritik habe ich hier in keiner Zeitung sonst über den
Roman etwas gelesen wie im Donauboten nachgeschrie-
ben d. Dresdner Neuesten, sie liegt bei; hier gibt es viele
Hitler, wenn es einmal kracht wehe d. Haus Fleisser!«

Die Souveränität, die die Romanfigur Frieda Geier gehabt hatte, hätte Marieluise Fleißer nun im wirklichen Leben dringend gebraucht. Hier lief es entschieden gegen-
teilig. Der von seinen rechten Freunden des Verrats
geziehene und publizistisch ausgebremste Draws produ-
zierte fast nur noch Psychoterror. Der politische Terror
zeichnete sich nun auch immer deutlicher ab und war
aus dem Alltag immer schwerer herauszuhalten. Geld
war immer noch knapp. Der Band mit den Reisestücken
erschien im Herbst 1932, verkaufte sich aber sehr
schlecht.

»1932 wird es für sie schwer, sich finanziell durchzu-
bringen. ... Ihre Nerven sind völlig aufgerieben. Miß-

Angesichts der tiefen Zäsur, die die nationalsozialistische »Macht-
übernahme« im politisch-gesellschaftlichen Leben Deutschlands markierte, blieb die Zahl der Schriftsteller, die in den vier Wochen zwischen Hitlers Ernennung zum Reichskanzler (30.1.1933) und dem
Reichstagsbrand (28.2.1933) emigrierten, überraschend gering; der
prominenteste unter ihnen war Heinrich Mann. Allerdings unternahmen mehrere namhafte Autoren in dieser Zeit Vortragsreisen ins
Ausland (Thomas Mann, Oskar Maria Graf u. a.), von denen sie nicht
mehr nach Deutschland zurückkehrten. ... Im Zuge der unmittelbar
nach dem Reichstagsbrand einsetzenden systematischen Terroraktio-
nen gegen die Kommunisten wurde eine Reihe von sozialistischen
Autoren kurzfristig inhaftiert (Anna Seghers, Egon Erwin Kisch) oder
mußte längere Zeit in Gefängnissen und Konzentrationslagern ver-
bringen (Willi Bredel, Ludwig Renn). Erich Mühsam, Klaus Neu-
krantz, Carl von Ossietzky u. a. gingen dort zugrunde. Johannes R.
Becher, Bertolt Brecht und Friedrich Wolf konnten sich in Sicherheit
bringen. Nun setzte auch die massenhafte Flucht linksbürgerlicher
und liberaler Schriftsteller ein (Alfred Döblin, Bruno und Leonhard
Frank, Hermann Kesten, Erika und Klaus Mann, Ludwig Marcuse,
Arnold Zweig u. a.). Im Herbst 1933 war der literarisch-publizisti-
sche Exodus größtenteils abgeschlossen. ...
*Erwin Rotermund in: ›Geschichte der deutschen
Literatur: Deutsche Literatur im Exil 1933–1945‹*

glückter Selbstmordversuch aus Panik. Im Spätherbst 32 kehrt sie nach Ingolstadt zurück.«

In einem Brief an ihren früheren Lektor Hermann Kesten rekapitulierte Marieluise Fleißer diesen Zeitabschnitt noch einmal ausführlicher.

»Mein Leben in großen Zügen: Sie wissen wahrscheinlich noch von der Verlobung mit diesem merkwürdigen Redakteur von der Berliner Börsen-Zeitung, der meinetwegen aus seiner Zeitung herausflog, wenigstens hat er dies mir immer so hingestellt, es werden wohl noch andere Dinge mitgespielt haben. Ich hatte es mit ihm sehr schwer. Nachdem meine Nerven durch seine dauernden Tobsuchtsanfälle völlig zerrüttet waren, ging ich im Herbst 32 nach Ingolstadt zurück. Die Verlobung wagte ich noch nicht sofort zu lösen, da er mich immer sehr be-

56 Die Theresienstraße in Ingolstadt

droht hat. … Trotz vieler Bemühungen war es mir nicht möglich in einem Verlag eine Arbeit für mich zu finden, in meinem Elternhaus konnte ich nicht auf die Dauer bleiben.«

Es war nicht die Notbremse, es war die Niederlage. In Zeiten wie diesen war eine souveräne weibliche Existenz als Schriftstellerin nicht möglich. Die chaotischen, aber mit Utopien geschwängerten Zwanzigerjahre waren nun endgültig vorbei. Draws war die kleine Pest vor der großen Pest gewesen. Eine letzte Reise nach Berlin machte 1933 wohl alles klar. Die meisten waren schon weg oder im Aufbruch. Marieluise Fleißer aber wollte und konnte nicht weggehen, wie sie später schrieb. »Ich war im Land geblieben, das war meine Entscheidung. Ich hatte eine verzweifelte Liebe zu diesem Land, meine Wurzel war hier, ich fühlte mich an meine Sprache gebunden. Auf diese Sprache verzichten war absterben für mich.«

Das war ein triftiger Grund. Denn in der Sprache lag nach dem Stand der Dinge das einzige noch mögliche Glück. Da sie aber nach 1933 nicht mehr richtig schrieb, konnte alles, was sie tat, nur ein Unglück werden.

Es kann nicht das Schreibverbot der Nazis allein gewesen sein. Das war vorhersehbar. Auch wenn Draws anfangs noch versuchte, ihr zu helfen, jetzt, wo die Rechten an der Regierung beteiligt waren. Aber er konnte bald selbst nicht mehr mit den brutalen Dummköpfen umgehen, die nun das große Wort führten, und legte sich durch sein Eintreten für ethnische Minderheiten mit den neuen Machthabern an, die sich um ihre großkotzig verkündeten Prinzipien in Wirklichkeit einen Dreck scherten und

---

Zu den bekannten **rechtskonservativen** Autoren, die den Nazis später aus vielerlei Gründen unerwünscht waren und von ihnen verfolgt, eingesperrt oder ermordet wurden, gehörten Friedrich Reck-Malleczéwen (›Bockelson‹), Rudolf von Sebottendorf (›Der Talisman des Rosenkreuzers‹, ›Bevor Hitler kam‹), Hanns Heinz Ewers (›Alraune‹), Ernst Niekisch (›Gewagtes Leben‹) und der von den Freikorps zu den Kommunisten übergelaufene Richard Scheringer (›Das große Los‹).

nur an der Plünderung der Welt und der Vernichtung anders Denkender interessiert waren. Da passten auch
rechtsgedrehte Querköpfe nicht in die gleichgeschaltete
Maschinerie und verschwanden hinter Stacheldraht, im
günstigsten Fall.

Marieluise Fleißer kroch, nachdem nun alles Neue ver-
nichtet und jede Perpektive menschenwürdiger Existenz
auf lange Zeit für alle verbaut war, dahin zurück, wo sie
hergekommen war. Den neuen Machthabern war das
egal, sie war ein kleiner Fisch. Den Nazis in Ingolstadt allerdings nicht, sie hatten nun ein Sündenlamm, das sie
bedrohen und demütigen konnten, wenn ihnen danach
war. Das ist und bleibt ihre Schande, damals wie heute.

»In dieser Stadt sind siebentausend Mitglieder der Partei, mehr als ein Viertel der Einwohnerschaft, ungerechnet das was noch dranhängt.«

Daheim war nicht die Hölle, daheim war die Vorhölle, eine Regression. Die familiären Verhältnisse produzierten den entsprechenden Druck ganz von selbst. »Du wirst schon wieder katholisch werden«, lautet der Kernsatz, den selbst eingefleischte Katholiken fürchten müssen und vor dem sogar nicht ganz tapfere Atheisten in die Knie gehen, spätestens auf dem Totenbett. Marieluise Fleißer nahm den Weg zurück über eine Vorstufe des Aberglaubens, die Astrologie. Die setzt wohl auch bei gescheiten Menschen häufig da ein, wo scheinrationale Erklärungen für den Aberwitz des tatsächlichen Lebens herhalten sollen. Marieluise Fleißer hatte, wie große Teile ihrer Generation, ein chaotisches Leben in einer chaotischen Zeit geführt, nicht ohne aufblitzende Glücksmomente und nicht gänzlich ohne äußeren Erfolg. Nun wie in einem miesen Mensch-ärgere-dich-nicht-Spiel wieder ganz auf »Start« zurückgesetzt zu werden, war in jeder Hinsicht deprimierend. Wenn man ganz unten angelangt ist, verengt sich die Perspektive gnadenlos. »Die Blicke spiessen mich ja auf der Strasse, manche gehen lieber auf die andere Seite vom Trottoir, haben sie mich von weitem erspäht, grüssen wollen sie nicht, schämen sich aber noch, nicht zu grüßen.«

Schon der Alltag allein zermürbte, von der Hausarbeit bis zu den gut gemeinten Bekehrungsversuchen der Schwester. Noch dazu war nun Draws angesichts einer drohenden Trennung völlig unberechenbar geworden und

◀ 57   Der Hinterhof des Fleißer'-
schen Hauses

wollte sie um jeden Preis verhindern, selbst als Marieluise Fleißer schon wieder in Ingolstadt war. Er schickte
Brief um Brief, einer absurder als der andere. Marieluise
Fleißer kannte das ja schon von ihrem neuen alten Beschützer Bepp Haindl in Ingolstadt, den sie in ihrem Roman als Hepp Beindl erwähnt hatte. Der stand zu ihr,
verteidigte sie sogar. »Sie dachte, das ist ein Verrückter,
einen anderen als einen Verrückten kann ich jetzt nicht
mehr finden. Wer sollte es schon sein? Wer soll schon
hier sein, der es für mich tut, den Mut bringt keiner auf,
er wäre denn dumm und schaute nicht voraus oder setzt
sich weg über Folgen.«

Es hätte viel schlimmer kommen können. Das war Marieluise Fleißer auch wohl bewusst. »Was bildete sie sich
ein, wie hoch war sie droben? Hatte sie es noch nicht ge-

58 Bildbrief von Georg Hetzelein aus dem Jahr 1934, 2. Bild
der Serie ›Das Märchen von der
Waldfrau‹: »Sie sieht schwer-
mütig hinter einer aus ihren
Büchern erbauten Festung zu,
wie sie (H. und seine Verlobte)
in ihren Büchern begierig lesen.«
(Erläuterung M. Fleißers)

lernt. Sie trug nicht den bewussten Stern, geächtet war sie doch und war nicht gewünscht der Freunde wegen, die sie einmal hatte. Die Zeit hatte ihr ein Brandzeichen eingedrückt. ... Warum musste sie an sich haben, was einen reizte? Solang man sie nicht einsperrte, musste sie noch froh sein. Bei anderen bleibt es verborgen. Der politische Scheinwerfer hatte sie erfasst, überscharf.«

Fast hätte es doch noch eine kleine Befreiung gegeben, 1934. Da war dieser Lehrer im Fränkischen, ein gewisser Hetzelein. Der malte, trank und hatte es mit den Frauen. Er schrieb ihr Briefe mit erotischen Zeichnungen, sie schrieb zurück. Sie projizierte eine Zeit lang auf ihn. Aber dann wurde ihm das Getändel zu fad oder zu ernst oder zu viel, und er heiratete seine langjährige Freundin.

Dann war da noch einer, auf dem Dorf, ein allein lebender Kirchenmaler, der sie umbalzte, wie in ihrer Novelle ›Die Lawine‹. Doch der hatte nicht einmal ein Auto. Das kam nicht in Frage. »Einmal ganz abgesehen von dem Mann, was tue ich mit meinem ganzen Leben in einem Dorf, so weit weg von der Stadt, kein Umgang ausser mit den jüngeren Pfarrern in den Dörfern herum, die auch sonst keinen Umgang haben. Sicher sind sein Umgang die Pfarrer, ich möchte wetten darauf. Der Mann hat kein Auto; was schlimmer ist, der Mann will kein Auto. So stelle ich mir mein Leben nicht vor ...«

Der eine, mit dem es nicht langweilig wäre, hat es anders im Kopf, der Mann spielt und wie der Mann spielt! Er will sich bloß wachhalten auf seinem fränkischen Dorf, nur darauf geht er aus, dabei geht er über Leichen, ich bin die Gans und falle ihm noch herein, weil es der einzige ist, bei dem sich was rührt, das ist aber ein Blender. So ein Scheinwerfer ist das, aller Glanz nach vorn, dass es dich umwerfen kann, dahinter gar nichts, für mich nichts dahinter, wenn ich denn einmal ernst machen muss, darauf bin ich nicht scharf, ich fürchte, ich muss, ich werde auch mit jedem Jahr älter. [Das wäre anders, hätte ich was Vernünftiges gelernt, das habe ich nicht, ich war da für die Kunst, dafür können die mir jetzt an, ich bin anfällig wie sonst keiner.] Der Mann da hilft mir gar nichts, den kann ich wegschmeissen.

Marieluise Fleißer, ›Walper‹

Sie war doch Schriftstellerin. Sie versuchte also noch einmal, einen Band mit unpolitischen, privaten Erzählungen zusammenzustellen, eingebunden in eine romantisierende Rahmenerzählung im Stil des Phantasus oder der Serapionsbrüder. Doch im Dezember teilte der Verlag Kiepenheuer schriftlich mit, dass eine Publikation nicht möglich sei. Sie löste fast umgehend die Verlobung mit Draws, der als Vermittler gewirkt hatte.

Jetzt blieb nur noch die Lösung, die sie bereits fast prophetisch im Roman als unpraktikabel verworfen hatte. Sie heiratete 1935 trotz massiver Bedenken ihren Jugendfreund Josef Haindl, vormals Sportschwimmer, nun Tabakhändler. »Ich denke nach, weil der Mann im Hintergrund da ist, der Dritte, den kenne ich lang, den kenne ich schon immer. Weil ich kommen sehe, dass der mich fragt, das ist aber ein Brocken. Jesus, ist das ein Brocken und eigensinnig, überhaupt kein Gespür für eine Frau, bei dem weiss ich nicht, wie es mir noch geht, das weiss ich ganz und gar nicht. Solang wir nicht heiraten, komme ich schon mit dem aus, wie wird das aber, wenn wir einmal verheiratet sind? Ich kanns nicht verschwören. Ginge es

59 Marieluise Fleißer um 1933

nach mir allein, hätte ich nicht meine Leute daheim, die
darauf warten, die mich dahaben schon so lang, denen
wird es auch über – ich möchte nicht ernst machen müssen. Ich bin kein Frauenzimmer wie andere. Ich bin auf
die Heirat nicht scharf. Ein schweres Risiko wird das und
wer schmilzt wen um, dass es halbwegs passt? Es wird
doch kein Unglück geben. Ich handle jetzt nicht normal,
ich bin eben umstellt. Wäre ich frei, ich würde es nicht
einmal wagen, ich liesse mich darauf nicht ein. Ich rette
nur noch das Leben. Wie soll ich mein Leben verstehn?
Wie ich will, darf ich nicht mehr. In die Enge geht alles.«

Ihr Vater hatte die Verbindung seit langem favorisiert.
Das daraus resultierende lang anhaltende Unglück war,
genau betrachtet, das Ergebnis einer doppelt fehlgeschla-
genen Spekulation. Haindls lag schon eine Zeit zurück
und hatte sich auf das Geld, das sie irgendwann mit ihrem Schreiben verdienen würde, gerichtet, mit dem na-
iven, vorbereitenden Trick, ihr seinerseits Bankvollmacht
zu geben. Erst als er erkannte, dass es mit dem Reichtum
nicht weit her war, war er in Wartestellung gegangen.
Nun hatte er sie in der Falle. Zwar hatte Marieluise
Fleißer versucht, eine Absprache mit ihm zu machen, die
ihr erlauben sollte, dem Geschäft fernzubleiben, nur die
Hausarbeit zu besorgen und in der freien Zeit zu schreiben. Er hatte zum Schein eingewilligt, hielt sich aber keineswegs daran. Denn nun, da er wusste, dass sie gar
nichts hatte und mit ihrer Literatur auch auf lange Sicht
nichts verdienen würde, ja sogar ein weitgehendes
Schreibverbot hatte, galt für ihn die Abmachung nicht
mehr. Der »Wortbruch« hatte also massive ökonomische

Ingolstadt in den 30er Jahren
1938 Bau der Autobahn
München-Nürnberg. Die
Trasse wurde nahe an die
Stadt herangeführt.

1939 hatte Ingolstadt 33 400
Einwohner.

Gründe. Darauf deutete auch seine spätere Bemerkung, sie könne ja nach der Arbeit in der Nacht schreiben. Wenn nichts damit verdient wurde, war das Schreiben halt eine Art Hobby und konnte nicht an erster Stelle stehen – die kleinkariert-merkantile Logik stimmte, zumindest für Haindl und seine Freunde!

Ihre Spekulation richtete sich auf Sicherheit und Schutz vor Anfeindungen durch die Ehe und auf Zeit und Ruhe zum Schreiben. Als diese Perspektive wegen Haindls sachlicher Brutalität zusammenbrach, hatte sie ihm nichts entgegen- und selbst nichts mehr zuzusetzen. Sie folgte ihm, bis ihre Nerven unter den Strapazen gänzlich versagten. Von Wahnvorstellungen heimgesucht, ging sie im

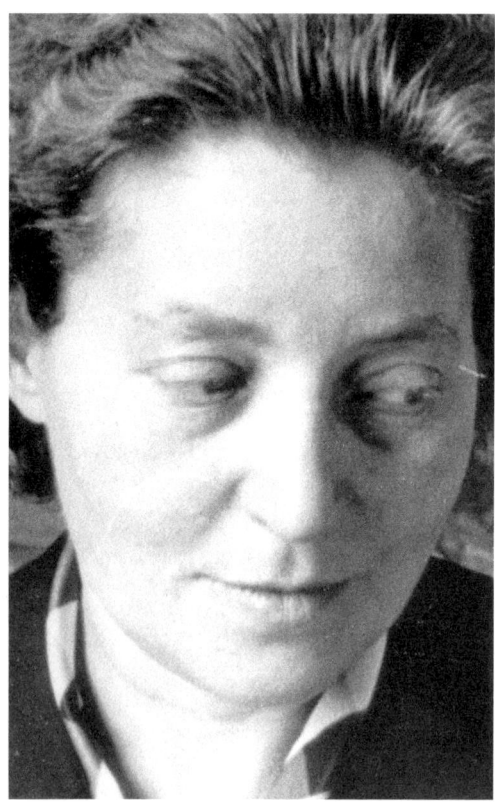

August 1938 freiwillig drei Monate lang in die Psychiatrie Neufriedenheim bei München. Die Vorgeschichte dazu legte sie in der Erzählung ›Die im Dunkeln‹ nieder.

Kaum entlassen und durch die Intervention des Chefarztes von der Ladenfron befreit, versuchte sie, das angefangene Drama ›Karl Stuart‹ weiterzuschreiben. Haindl war sauer, als sie sich weigerte, ins Geschäft zurückzugehen, und deckte sie mit Hausarbeit ein. Aber dann brach der Krieg aus, und er wurde 1941 zum Luftschutz eingezogen, wo er »bei den Luftangriffen auf Augsburg, Nürnberg, München ins Zentrum der Brände fahren und löschen« musste. Doch die Machthaber forderten auch von ihr ihren Tribut: »1943. In der ersten Tagen muß sie in den Kriegseinsatz … Weil sie politisch verfehmt ist, wird sie auf der untersten Stufe der Hilfsarbeiterin eingestellt und bezahlt, arbeitet 43 Stunden die Woche.«

Die Tortur endete erst im Dezember 1943. Marieluise Fleißer beschrieb sie später ausführlich in der Erzählung ›Eine ganz gewöhnliche Vorhölle‹, die sexuelle Belästigung durch den Aufseher eingeschlossen. »Dann zog es den Feldwebel Schmauß von der MG Kaserne herüber. Ich durfte mir nichts verbitten … Ich wußte nicht, was sich abspielte in seinem Kopf, aber beim Putzen mußte ich mich bücken, manchmal rutschte ich auf den Knien herum, und da stand er nun hinter mir und schwieg mich an, er beobachtete mich eine Viertelstunde lang und länger. Die ganze Zeit hatte er die Hand in seiner Tasche.«

◀ 60 Marieluise Fleißer in den 40er Jahren

> Der Alte machte einem die Hölle heiß und sah einem zwischen die Augen. Wir nahmen ihn ernst. Er mußte ja dick auftragen, er hatte es mit den hart Gesottenen zu tun, das war die Regel. Wir waren nicht hartgesotten, er schüchterte uns völlig ein. Hinter mir war er her wie der Teufel, so wie er es dem Vertrauensmann versprach. Ich konnte nichts leicht nehmen, mir blieb keine Wahl. Ich wollte nicht schuld sein an eines Menschen Tod. Und doch war es eine Maschine zum Töten, an der wir alle mitarbeiten mußten. Der Krieg hatte uns in der Zange.
> *Marieluise Fleißer, ›Eine ganz gewöhnliche Vorhölle‹ (GW III, S. 207)*

Marieluise Fleißer arbeitete zusammen mit »Fremd-
arbeitern« in einem Rüstungsbetrieb, wo Todeswerkzeug
hergestellt wurde. Das Gespenst der Sabotage ging um
und machte es für die Arbeiter noch gefährlicher. Es gab
viele Aufpasser. Trotzdem begann Marieluise Fleißer
1944 mit einem neuen Stück. Diesmal war es kein hoch-
gestochenes historisches Drama, sondern eine bittere
bayrische Komödie mit dem Titel ›Der starke Stamm‹.

61 ›Der starke Stamm‹

›Der starke Stamm‹

BALBINA: Was schaugstn so überzwerch?

BITTERWOLF: Oh, nix.

BALBINA: Was druckt dir denn d'Seel ab?

BITTERWOLF: Guat hast ma's gmoant, Balbina, des muass i scho sagn. Is dir aber net nausganga.

BALBINA: I muass doch aufpassen.

BITTERWOLF: Woasd, i bin alt gnua.

SCHWAGER: Ihr werts doch net as Streiten ofanga.

BALBINA: Des is net gstritten. I sag bloss, dass i auf eam aufpassn muass.

BITTERWOLF: Is nur guat, dass mei Schwägerin z'Wasserzell drübn guat aufghobn is und i bin herübn in da Schanz.

BALBINA: Kunnt erst no sei, dass i dir in dei Näh kumm, weil i hier mit eam arbat.

BITTERWOLF: Mach Danz!

BALBINA: I mach koane Danz. Es tat ma halt passen, weil i hier mit oam arbat, dann hob i den glei beim Kravattl.

BITTERWOLF: Mit wem arbatst dann?

BALBINA: Oh, den kennst du net. Der muass für mi mitm Motorradl in de Dörfer umanand fahrn und meine Automaten ausleern. Des Motorradl hab i kafft für gebraucht.

BITTERWOLF: Hast du Automaten?

BALBINA: Ueberall in de Dörfer umanand. I wer jetzt reich.

BITTERWOLF: Werst *du* reich!

BALBINA: Waar net wild! I kenn oan z'Neumarkt hinten, der macht des Gleiche. Der hat scho an Haufa Geld beinand.

SCHWAGER: Schwager, do schaugst!

BITTERWOLF: Was san nacha des für Automaten?

BALBINA: Oh, de kennst du net. Wo ma halt was gwinnt.

BITTERWOLF: Doch scho net! Glücksautomaten! Wo ma d'Leut damit ausschmiert?

BALBINA: I schaffs eana ja net, dass s'was neischmeissen.

BITTERWOLF: Wo's haufaweis davorstehn und hischlagn vor lauter Zorn, wenns nix kraigt habn?

BALBINA: Was geht denn des mi o?

BITTERWOLF: Dass s'di fei recht verruafa. Hast des a überlegt?

BALBINA: Da überlegt oans net lang, wenn ma so wo neispringa konn.

BITTERWOLF: Du host mi ja ogsunga. Wo hättst du ebba des Geld her? So Automaten schmeissens eam doch net nach.

BALBINA: Ah was, zur Anzahlung hats glangt, des andere zahltse von selber, da i ma net drum.

BITTERWOLF: Grüassdegod, schöne Bäuerin!

BALBINA: I siech doch, was i einnimm. Wenn i dir sag, de wern ausgrafft. De junga Leut bringst gar nimmer weg.

BITTERWOLF: Wiea lang ebba?

BALBINA: I bin nimmer so dumm, dass i zuaschau, wenn andere reich wern.

…

VETTER: D'Balbina hat halt a Schneid.

BITTERWOLF: Bist du a dabei?

VETTER: I net. I hab net soviel Schneid.

SCHWAGER: Aber gwisst habn ma's und recht is uns gwesen. Zieags eam nur raus aus der Taschen, dem junga Gsindel! Koa richtiger geht so(wo) net hi.

VETTER: De wo higenga, de reun mi net. Dene ghört net mera.

SCHWAGER: An dene macht ma sein Schnitt.

BALBINA: So, jetzt bist überstimmt.

BITTERWOLF: Legts euch nur aufn Bauch vorm Geld. I sag a net, dass ma koans braucht. Aber zu so was gib i mi net her, gottseidank. Ja no, du muasst selber wissn, was d'tuast. Und i sag dir heut scho, du fallst damit rei.

BALBINA: Möcht i scho wissen wiea! I brauch ja bloss aufpassen auf mein Kassier und dem sitz i am Gnack.

BITTERWOLF: Werst es scho sehgn, wenns dir as Kreuz abschlagn.

BALBINA: I halt mi ja hinten. Sehgn d'Leut ja bloss mein Kassier.

BITTERWOLF: Der machts Mäui net auf, moanst?

VETTER: Ihr werts doch net as Streiten ofanga?

›Der starke Stamm‹

Die erste Fassung der Komödie ›Der starke Stamm‹ wurde noch 1944 vollendet. Marieluise Fleißer schrieb sie im Schanzer Dialekt, vielleicht im bewussten Kontrast zu der gespreizten Papiersprache des Stuart-Stücks, vielleicht eingedenk eines Novalis zitierenden Ablehnungsschreibens: »Nach verlorenen Kriegen müssen Komödien geschrieben werden.« Und dass der Krieg verloren war, ahnte man längst, trotz oder gerade wegen der Durchhalteparolen. Ingolstadt wurde das Ziel von Luftangriffen. 1945 zerstörten Bombardements insbesondere Bahn- und Gleisanlagen, die alte Donaubrücke, das Spital, das Stadttheater, die Augustinerkirche, den historischen Salzstadel. Ein Drittel des städtischen Wohnraums fiel ebenfalls dem Bombenhagel zum Opfer. Unmittelbar nach dem Krieg herrschte große Wohnungsnot in der Stadt, und die durch Zwangswirtschaft überbeleg-

62 Marieluise Fleißer in den 40er Jahren

ten Räumlichkeiten waren hart umkämpft. An Schreiben war unter solchen Umständen kaum zu denken. Wie überall ging es erst einmal um das nackte Überleben. Der Schwarzhandel florierte. Zigaretten waren die begehrteste Ersatzwährung. Die Händler, die ihre Vorräte so gut wie möglich versteckt hatten, weckten Begehrlichkeiten. Auch im Rathaus gab es starke Raucher, die nicht wählerisch waren in ihren Beschaffungsmethoden. Der Haindl war im Krieg geblieben, verschollen oder gefangen, und mit seiner Frau wurde man leicht fertig. Man hängte ihr ein kleines Delikt an, steckte sie kurzzeitig ins Gefängnis, und schon hatten ein gewisser Herr Runte und seine Spezln wieder was zu rauchen. Und Bepp Haindl hatte, als er dann endlich heimkam, noch einen weiteren Grund, mit

63 Das Ingolstädter Gefängnis in der Sebastianstraße

1945 … Sie hat den Starken Stamm fertiggeschrieben. Der Krieg ist aus, der Druck keineswegs von ihr genommen, sie ist angehängt wie ein Kettenhund.

Marieluise Fleißer

seiner unglücklichen Frau zu hadern und sie des Verlustes wegen zu drangsalieren. Mit einem Mann als Kompagnon wäre ihm so eine Schweinerei nicht passiert, glaubte er, und nahm sich einen. Das sollte er später schwer bereuen. Aber zunächst gingen, nachdem 1946 der klassizistische Festungsgürtel und die Außenforts auf Anordnung der Amerikaner weitgehend zerstört waren und sich die Stadt zum Umland hin geöffnet hatte, die Geschäfte wieder besser. Rauchen wollten sie alle, sogar die meisten der siebentausend Menschen im Ausländerlager, das 1948 eingerichtet wurde. Manche von ihnen, darunter viele Kalmücken, ließen sich nach der Auflösung in der Stadt nieder.

Trotz widrigster Umstände und Zwängen hatte Marieluise Fleißer sich als Schriftstellerin nie aufgegeben. Wie Ina Brueckel und Uta Winkler betonten und teilweise belegten, hatte sie auch während des Krieges versucht, wieder Anschluss an den literarischen Markt zu finden. Wohl schon 1944 hatte sie mit Kurt Desch einen Vertrag über den ›Karl Stuart‹ geschlossen, der aber auch nach dem Krieg kein aufführwilliges Theater finden konnte. Desch bekam auch die Rechte für den ›Starken Stamm‹.

Eigene und familiäre Erlebnisse waren in das Stück eingeflossen. Aber es war zu nah an der Wirklichkeit vor der Währungsreform, um als das Werk einer Meisterdramatikerin erkannt zu werden, die hier endgültig aus ihrer Sprache heraus zu sich selbst gefunden hatte. Zudem verwässerten spätere, mehr zum Schriftdeutschen tendierende Bearbeitungen die Genauigkeit und Kraft der Originalfassung.

Das westmongolische Volk der **Kalmücken** lebt u. a. in der Gegend um Wolgograd. Im 17. Jh. wanderten sie an die untere Wolga, kehrten aber im 18. Jh. größtenteils wieder zurück. Im 2. Weltkrieg wurden die Kalmücken von der unteren Wolga zwangsweise umgesiedelt.

Die ersten Nachkriegsjahre vergingen unproduktiv. »Ihre Wohnungsverhältnisse erlauben keine Konzentration, da die Wohnung mit zwei Parteien überbelegt ist und der Radiolärm aus den nur durch Türen abgetrennten Räumen herüberschallt, kann sie einfach nicht denken. Schreiben wird unmöglich.«

Haindl wurde in diesen Jahren von seinem Kompagnon, der in die eigene Tasche wirtschaftete, massiv übers Ohr gehauen. Die Auswirkungen sollten in ein paar Jahren das Geschäft völlig ruinieren. Marieluise Fleißer begann 1949 wieder zu schreiben. »Weil sich am Theater nichts tut, schreibt sie Geschichten. Obwohl es gute Geschichten werden, ist dies verhängnisvoll, weil sie in einer Literaturform, die finanziell nichts bringt, ihre Stoffe aufzehrt.«

Sie sah sich immer noch primär als Dramatikerin, auch weil sie auf Einkünfte hoffte, die sie aus der finanziellen Misere holen sollten und aus dem immer unerträglicher werdenden Eheleben.

Bei aller Selbststilisierung zeigte sich doch auch der hohe Grad der Eigenanalyse und der Reflexion, der hinter der scheinbar so einfachen, in Wirklichkeit hochkomplexen und vielfach durch Kompression aufgeladenen Sprache der neuen Erzählungen ›Er hätte besser alles verschlafen‹, ›Das Pferd und die Jungfer‹, ›Des Staates gute Bürgerin‹ steckte.

1950 traf sie Bert Brecht bei den Proben zu ›Mutter Courage‹. Er interessierte sich erneut für ihre Arbeit und stellte ihr die Schauspielerin Therese Giehse vor. Auf Veranlassung Brechts erwogen die Münchner Kammerspiele nun eine Aufführung. Vielleicht im Zusammenhang des

Die zwei Stücke liegen und liegen. Sie verliert den Mut. Sie kann nicht wie andere schaffen aus der Luft und aus Denkgespinsten. Sie braucht immer eine Substanz, aber sie sollte die Substanz nicht so komprimieren, das ist selbstmörderisch. Die Wunden der Vergangenheit sind sehr tief eingedrungen, sind ihr geblieben. Sie kann Verlorenes nicht ersetzen, Neues nicht erleben. Sie fängt an zu denken, daß sie besser umgekommen wäre im Krieg.
Marieluise Fleißer (MFB 537)

›Der starke Stamm‹. 2.Akt. Auftritt.

BALBINA: Seit wann wascht ma se denn im Wohnzimmer seine Füass?

ANNERL: I hab ja gfragt.

BITTERWOLF: Hats gläut't?

BALBINA: Es hat net gläut't. Du hörst alleweil läuten. (Zu Annerl) Zeig deine Füass net so her. Wart, dir lern i's.

RA (Sie schüttet ihr heisses Wasser in die Schüssel nach, dass Annerl erschreckt ihre Füsse herauszieht.)

ANNERL: Heiss!

BALBINA: Du vertragst es scho. Nur net empfindlich.

BITTERWOLF : Annerl, brüahn brauchst es fei net, deine Füass. Es langt scho, wennst dirs sauber waschst. Schöpf dir a Schapfel kalts drauf. Schöne Fuasserl hast. Annerl, was siech i denn da, dei kloane Zeha is ja krumm.

BALBINA: I konn ja naufgeh, wenn ma mi da net braucht.

BITTERWOLF: I hab bloss de kloane Zeha oschaugn müassen, weils krumm is.

BALBINA: Des san scho de Richtigen, wo der Arbat ausm Weg genga. (Zu Annerl) Ja, was tuast du dann die ganze Zeit?

BITTERWOLF: Sag nur grad, dass d'Annerl net fleissig is.

BALBINA: Wer redt denn von fleissig?

BITTERWOLF: Und willig is d'Annerl.

BALBINA: Und jung is.

BITTERWOLF: Jung is s. Des is amal so auf der Welt.

BALBINA: I sig scho, dass ihr alles zur Herrlichkeit dient und i bin das fünfte Rad.

BITTERWOLF: Werst scho as fünfte Rad sei.

BALBINA: Mögst mi nausbringa, gell?

BITTERWOLF: Bei dir greift ja nix o. Du bist zach.

BALBINA: I bin a zach … Jetzt werds aber Zeit, dass i mein Gockel richt.

RA (Sie geht mit einem Küchenmesser in den Hof hinaus, dessen Tür etwas offen bleibt. Man hört ihre Hantierung draussen ohne sie zu sehn.)

BALBINA: Nix wia fressn, hast gmoant, gell? Des nimm a amal an End. Bi bi bi bi! Da geh her, Gockerl! Ah, bist aber du a schöns Gockerl. Jetzt schau amal, was des werd. Habn ma'n scho beim Kragn. No, fludert doch net a so, du schwarzer Teifi. Ah na, Gockerl, wer werd se denn fürchten? Mir zwoa kennan doch anand. Tua di net a so aufführn, geh weiter! Du stirbst de doch gschwinder wiea a Mensch. Bi bi bi bi! Lieabs Gockerl, schöns. I tua dir net weh, i tua dir gar nix. Schön brav sein, Gockerl. Glei wern ma's habn.

RA (Der Gockel hebt nach starkem Flattern ein wildes Gezeter an und tut dann noch einen einzelnen kläglichen Schrei.)

BALBINA: No iatza! Habn ma's ja scho. Is ja scho gschehgn. Was machstn für a Gstell? Anna, häng an Gockel an Brunna zum Ausbluatn.

BITTERWOLF: A schöne Ansprach hast eam aber ghalten, dein'm Gockel.

BALBINA: Ja mei, mit an Gockel muss ma's könna. Merk dir des, ohne mi bist ausgricht't. Wenn bei dir a was derkennt waar! Statt dass d' a anständige Aufführung hättst und dir um a gsetzte Person schaugst.

BITTERWOLF: Ah na! Woasst, mir kannts geh wiea dein'm Gockel. Hast d' Zeitung schon gelesen?

BALBINA: Wann hätt i's denn glesn? Lest es ja du.

BITTERWOLF: Weast koa grosse Freid habn. Glücksautomaten san fei verboten. Du machst dich strafbar, wennst es net wegtuast. Da les.

BALBINA: Wiea konns denn des gebn? Jetzt san de verboten. Jetzt san de von oam Tag aufn andern verboten. Ja, dann nimm ja i nix mehr ei.

BITTERWOLF: Net bloss des. So, von was zahlst jetzt deine Raten?

BALBINA: Wann des verboten is, zahl i nix.

BITTERWOLF: Des werst du scho zahln müassen. De Kästen san von dir kafft.

BALBINA: Sollns eanare Kästen halt nehma. I brauch de Kästen net.

BITTERWOLF: I woas a net, ob dir des nausgeht.

BALBINA: Rauszahln müassns ma was, de schlechte Bagage! I zahl so gnua drauf.

BITTERWOLF: De wern dir was rauszahln. De san ja froh, dass s' dirs naufdraht habn. Da habns no a Dumme gfunden.

BALBINA: Ja, de habn mi ausgschmiert. Des san ja Lumpen. Aber de zeig i o.

BITTERWOLF: Sei nur grad froh, wanns di net ozeign.

BALBINA: Des is de grösste Ungerechtigkeit. Jetzt des hätt i doch net gmoant. Des san direkte Verbrecher. Glei schreib i an Brieaf.

BITTERWOLF: Tua lieaber deine Kästen glei weg, sunst kummt der Schandarm.

BALBINA: So werds net pressiern.

BITTERWOLF: Ja, de Automaten müassen sofort weg. Du machst dich strafbar.

BALBINA: Des is koa Verlanga net, dass ma in der Nacht nausfahrt. Des Samstaggschäft nimm i no mit.

Briefwechsels mit ihrer in Afrika sterbenden Schwester
Anny hatte Marieluise Fleißer sich wieder dem Glauben
zugewandt. Vielleicht auch aus diesem Grund wählte sie
für die Umarbeitung des ›Starken Stammes‹, die die
Münchner Kammerspiele von ihr verlangten, ein religiö-
ses Thema, die angebliche Marienerscheinung von
Heroldsbach. Die Duplizität der Ereignisse markierte den
Neuanfang. Wie seinerzeit auf die ›Dreigroschenoper‹
die ›Pioniere‹ gefolgt waren, kam nun nach der ›Courage‹
der ›Starke Stamm‹. Der Skandal aber blieb diesmal aus,
leider auch eine weitergehende Resonanz. Hauptgrund:
die Borniertheit einer krampfhaft ins Modern-Weltläufige
gewendeten Kritik. »Man begegnet dem Dialekt seit Hitler mit einem Vorurteil, weil man ihn irrsinnigerweise

64 ›Der starke Stamm‹ in der
Uraufführung an den Münchner Kammerspielen 1950

mit Blut und Boden verwechselt. Dabei ist er eine herrliche Sprachmöglichkeit, in sich schöpferischer als Schriftdeutsch, stößt leider in der Verbreitung an die Grenzen des Sprachraums.«

Immerhin, der Rundfunk und das neue Medium Fernsehen stiegen auf das Stück ein. Die Zerrüttung der Ehe und die zunehmenden literarischen Orientierungsschwierigkeiten wurden dadurch nicht aufgehalten. Zudem ereilte das Geschäft des Mannes die ökonomische Katastrophe. Um den Schuldenberg abzutragen, musste Marieluise Fleißer wieder in den Laden. »Zu retten gibt es nichts mehr. Noch nach dem Tod ihres Mannes und dem Notverkauf eines kleinen Grundstücks wird sie von Schulden und Prozeßkosten schwer belastet sein. Mehrfach überlegt sie, die zerrüttete Ehe aufzulösen, fühlt sich dann aber, durch den schlechten gesundheitlichen Zustand ihres Mannes, moralisch zum Durchhalten verpflichtet. 1955/56 schließlich ist der Gedanke an Trennung so stark in ihr geworden, daß sie einen Wechsel nach Ostberlin erwägt und hernach doch wieder verwirft. Brechts Angebot, nach Ostberlin zu wechseln und dort zumindest vorübergehend finanziell abgesichert in einem Dramaturgie-Kollektiv mitzuarbeiten, weist sie zurück mit dem Hinweis auf ihre Verwurzelung in Ingolstadt und ihrer Befürchtung, sich ›dem Dogma der DDR verschreiben‹ zu müssen.« (Ina Brueckel)

Dazu kam, dass Marieluise Fleißer mit Mitte Fünfzig kein junger Mensch mehr war und sich schwer tat, aus ihren tief eingegrabenen Erfahrungen heraus einer sich rasch verändernden Welt gegenüberzutreten. Das führte

65 Autograph von ›Der starke ▶
Stamm‹

schließlich zu massiven Schreibhemmungen, die einem internalisierten Mitteilungsverbot und real-banalen Existenzängsten zugleich entsprungen sein mochten. »Wie kann ein Mensch sich noch in das Wagnis stürzen, daß er ausschließlich von Schreiben leben muß, wenn sich die Dinge so langsam in ihm bilden, wenn er seine Jugend hinter sich hat und wenn er durch den grausamen Zwang

der Umstände nur auf ein verschüttetes zusammengepreß-
tes Leben zurückblicken kann, so daß etwas in ihm sich
sträubt, sagen zu müssen, wie es wirklich war?« (Brief
vom 14.7.1965)

Das literarische Leben unterlag jetzt neuen Moden, neue
Namen, neue Gruppierungen beherrschten den literarischen Markt mit den alten Methoden. Das exklusiv-
mafiose Gebaren der Gruppe 47 musste die notorische
Einzelgängerin ebenso befremden wie der maßlose Nach-
holbedarf gerade junger Leser an fremdsprachlicher Literatur, von der sie als eifrige Bibliotheksbesucherin wusste.
Aus ihrer Haut konnte sie trotzdem nicht.

»Wenn man älter wird, wird man nicht eigentlich besser, sondern die Fehler wachsen sich aus und werden zäh
und eigensinnig, zumal, wenn man niemand um sich hat,

den man bewundern und
zu dem man sich hinauf-
schwingen kann.« (Brief
vom 5.5.1948)

»Es gibt keine Altersweis-
heit«, stellte Arno Schmidt
gelegentlich fest, auch ein
Einzelgänger und einer der
wenigen Autoren, zu dem
Marieluise Fleißer neben
alten Freunden wie Lion
Feuchtwanger neuen Kon-
takt aufnahm.

»Sehr verehrter Herr
Arno Schmidt! Wie bespro-

66 **Arno Schmidt** (1914–1979)
war nach dem Krieg seiner
Wortmetzkunst wegen ein erster großer Anreger und Ermuti-
ger formal avancierten Schreibens, das auf spannendes
Erzählen durchaus nicht immer
verzichtete. Er verwandelte his-
torische, zeitgenössische und
Stoffe der Genreliteratur in
dichte, eigenwillig organisierte
Prosa, die auch an angelsächsi-
schen Vorbildern wie James
Joyce geschult war. Seine witzi-
gen, in der Tradition der expe-
rimentellen und fortschrittlichen Frühromantik stehenden
Literaturdialoge waren in Buch-

chen schicke ich Ihnen mein kleines Büchlein ›Avantgarde‹ sowie die im vorigen ›Jahresring‹ erschienene Erzählung ›Der Rauch‹ … Ich bin mir schmerzhaft bewußt, dass ich nur Trümmer geben kann, weil mir mein eigentliches Leben nun eben zertrümmert wurde, das läßt sich halt nicht mehr ändern, und weil ich nicht mehr jung und gesund genug bin, um mir das zurückzuholen, was mir verweigert wurde. Ich lebe

hier als ein ziemlicher Einsiedler und bin vor nicht ganz zwei Jahren durch einen Zufall auf Ihre Bücher gestoßen und habe mich um sie bemüht, nachdem sie mich wie einen Fremdkörper abgestoßen haben. Auf einmal waren sie das, was ich brauchte und ich glaube, sie haben etwas in mir aktiviert, sie haben mir Leben gegeben. Ich weiß nicht, ob ein Außenstehender einen Unterschied merken kann an der späteren Geschichte, ich jedenfalls habe es so empfunden. Ich hoffe nur, es geht nicht wieder fort, bei mir wird alles sehr schnell verschüttet, mein Gedächtnis läßt mich im Stich. … Auch sind meine persönlichen Erinnerungen von sehr widerspenstiger Art, da ich widerspenstig gelebt habe wie in einem Gefängnis und mir auch nach dem Krieg nicht heraushelfen konnte, zuviel

form ebenso originell wie als Funkfeatures.

67 Marieluise Fleißer um 1950

stand dem entgegen. Ich würde lieber nicht bloßlegen müssen, was ich leben mußte, ich würde es am liebsten vergraben, und ich bin außer mir, wenn dann andere ihre ahnungslosen Schnäbel daran wetzen, sie, denen alles erspart geblieben ist und die nicht wissen, was sie da eigentlich tun. Aber ich habe eben nichts anderes und beneide jene, die aus der Phantasie schöpfen können, mir ist das nicht gegeben …«

Der Brief relativiert ein wenig die spätere Verknappung Marieluise Fleißers: »Arno Schmidt interessiert sie, aber sie kann ihn nicht in etwas Eigenes übersetzen.« Außer Schmidt kannte und schätzte sie besonders Günter Eich, dem sie 1973 einen Nachruf schrieb.

Geradezu fatal lesen sich, aus dem Zusammenhang gerissen, manche ihrer Äußerungen aus jener Zeit. »Als Dichterin existiert sie nicht für die Deutschen, die Theater spielen nur Ausländer.« Hellmut Draws-Tychsen hatte das seinerzeit auch nicht viel anders formuliert. Es gab ihn übrigens noch, ebenso wie Brecht. Er hatte Zuchthäuser und Verschleppungen durch mehrere KZs überlebt und versuchte auch wieder im Literaturbetrieb Fuß zu fassen, wie zu erwarten, noch erfolgloser als Marieluise Fleißer. Später sollte er sich darin gefallen, aus dem Hinterhalt Gehässigkeiten gegen sie zu schreiben, wie ein kurzer Briefwechsel mit Herbert Göpfert anlässlich der ›Avantgarde‹ zeigte.

»Was die Rezension von Draws-Tychsen angeht, ist mir der einem daraus entgegenspringende Haß unerklärlich, den ich sozusagen nicht um ihn verdient habe. Gerade dieser Mann hat das Höchste an Opferfähigkeit von mir

---

Günter Eich (1907–1972). Der in den 50er Jahren viel gefeierte Lyriker, Hörspielautor und Erzähler hatte 1927 seine ersten Gedichte veröffentlicht. Noch mehr freilich interessierte ihn die neue Gattung des Radio-Hörspiels, die er mit eigenen Arbeiten ab 1932 entscheidend mitgestaltete. Im Dritten Reich verhielt er sich politisch unauffällig. Nach Wehrdienst und Gefangenschaft knüpfte er an seine Vorkriegsarbeiten an. 1953 heiratete er Ilse Aichinger. Seine Gedichte, am bekanntesten: ›Inventur‹, hatten nun auch eine politische Dimension.

68 Überreichung des Literaturpreises der Bayerischen Akademie der Schönen Künste durch Emil Preetorius, 1953

erlebt … Irgendein Rest von Wissen darum müßte doch an ihm haften geblieben sein, und dann macht man doch so was nicht. Es scheint, die Dinge haben sich für ihn völlig fratzenhaft verwandelt, er war ja in einem Vernichtungslager. Außerdem muß er durch entsetzliches Unglück hindurchgegangen sein mit seiner verdammten Veranlagung sich alles feindlich zu machen, oder muß noch darin stehn. Und von einer grotesken Überheblichkeit war er ja schon immer. Ich bemühe mich, nicht allzu traurig zu sein.«

Herbert Göpfert schrieb zurück: »Daß Sie die Rezension von Draws-Tychsen mit solcher menschlichen Überlegenheit ansehen, spricht für Sie. Ich war außer mir, als ich die

Als Hörspielautor, am bekanntesten: ›Träume‹, dominierte er die erste Nachkriegszeit. Eich, ein erklärter Gegner aller Machtausübung, die er als »eine Institution des Bösen« bezeichnete, stand auch der religiösen Sprachlenkung kritisch gegenüber, entwickelte selbst zunehmend individual-anarchische Züge. Sein Wunsch, neben dem Anarchisten Bakunin begraben zu werden, wurde nicht erfüllt.

Rezension las und verstehe auch den Redakteur nicht, der das gedruckt hat, weil die Unsachlichkeit offenkundig ist.« (Tax)

Während Draws nach dem Krieg nur ein Schatten- dasein im Literaturbetrieb führte, etwa als Nachlassver- walter Paul Scheerbarts, war Marieluise Fleißer immerhin noch so weit im Bewusstsein der literarischen Welt, dass sie wettbewerbsfähig blieb. 1952 gewann sie einen ersten Preis im Erzählwettbewerb des Süddeutschen Rundfunks für ›Das Pferd und die Jungfer‹. 1953 erhielt sie den Lite- raturpreis der Bayerischen Akademie der Schönen Künste, einer in der langen Tradition der bayerischen Aufklärung stehenden Institution. Der Bayerische Rundfunk hinge- gen beschäftigte sie 1956 deutlich unter Niveau als Lekto- rin. Im gleichen Jahr starb mit Brecht ihr entschiedener Förderer und Fürsprecher, der er auch nach dem Krieg noch geblieben war.

1958 endete die lang anhaltende Ehekrise mit dem Tod von Josef Haindl. Marieluise Fleißer selbst erlitt einen Herzinfarkt und wäre beinahe ebenfalls gestorben, ein Umstand, der psychoanalytisch orientierten Forscherin- nen weiten Interpretationsspielraum einräumte. Für Ma- rieluise Fleißer bedeutete es nach ein paar Jahren harter Aufräumarbeiten ein zweites Jahrzehnt später Freiheit in ihrem Leben. Denn sie sah nun klar, was im Literatur- betrieb lief. »Es ist eine andere Generation, die das ver- dammt, was vorher war. Sie kann nur auf sich selber zurückgehn.«

> Er war der Mann, der schon was konnte. Sie spürte tief, wie er über ihr stand und war sie bei ihm, faßte sie doch einen Zipfel vom star- ken, vom glühenden Leben. Sie machte die ersten Schritte. Sie lernte schreiben an der Art, wie er schrieb. Natürlich war es gefährlich. Der Mann saugte sie auf. Sie hätte sich widersetzen müssen, dafür war sie zu jung. Sie grenzte sich noch nicht ab. Ihr war es gegeben mehr zu ahnen, als sie verstand, sie hatte ein inneres Auge. In der Zeit glaubte sie ihm einfach alles. In der Zeit wußte sie nur, daß sie in die Kunst hineinwuchs, blieb sie ihm nahe. Für sie ging es durch diesen Menschen. Sie konnte sich gar nicht mehr vorstellen, daß es ohne ihn ging.
>
> *Marieluise Fleißer, ›Avantgarde‹*

Genau das tat sie nach dem Umzug in die Hofmiller-straße. Sie schrieb, nachdem der Lektor Herbert Göpfert sie freundlich-intensiv lang genug bedrängt hatte, ihre bedeutende Alters-Erzählung ›Avantgarde‹, die 1963 bei Hanser erschien. Thema waren Brecht und die frühen Jahre, was sonst. Das punktgenaue, liebevoll-kritische Psychogramm des Dichters erschien so kurz nach seinem Tod, dass manche gleich pikiert reagierten, die Brecht möglichst schnell auf das Podest des unnahbaren Klassi-kers stellen wollten.

›Avantgarde‹ stand am Anfang einer langjährigen »Erin-nerungsarbeit«, wie Ina Brueckel formulierte. In etlichen Erzählungen arbeitete Marieluise Fleißer nun unschema-

69 Verleihung des Kunstför-derpreises der Stadt Ingolstadt

tisch erzählerische Lücken auf, die in ihrer Jugend entstanden waren. Einige Texte wie ›Schwabing‹ oder ›Die im Dunklen‹ gaben erneut biographische Aufschlüsse.

1961 war der erste Versuch ihrer Heimatstadt zur Wiedergutmachung zu verzeichnen. Man gab ihr den neu eingerichteten Kunstförderpreis der Stadt Ingolstadt. Es war ein kleiner Treffer in der späten ›Lotterie des Erfolgs‹, wie einer ihrer Schlüsseltexte aus der Vorkriegszeit lautete.

In den Jahren darauf sollten noch einige folgen: Der (unproduktive) Aufenthalt in der Villa Massimo, der Förderpreis des Kulturkreises im Bundesverband der deutschen Industrie, 1965; Marieluise Fleißer wurde auch vielfach eingeladen, hielt Vorträge, las aus ihren Erzählungen und wurde etwa beim 11. Meersburger Dichterinnentreffen des Bodenseeclubs 1965 freundlich als Ausnahmeerscheinung im eitlen Betrieb registriert.

1966 kam es zu Aufführungen des ›Starken Stamms‹ in Berlin und München. »Das Münchener Volkstheater führt den Starken Stamm auf, weil das ZDF die Aufführung übernimmt. An der Aufführung gefällt ihr nicht, daß sie verharmlost. Ihr Selbstverständnis ist inzwischen deutlicher geworden. Trotz der störenden Eindeutschung gefiel ihr die Berliner Aufführung im Prinzip besser. Dort hat man den entlarvenden Kern erkannt und die Gockelszene folgerichtig als Schlüsselszene gespielt. In München war die Gockelszene sogar gestrichen! Ihr wird bewußt, daß etwas geschehen muß. Sie strebt zum Suhrkamp Verlag hin. Die Pioniere in Ingolstadt sind wie ein Stachel in ihr.

Unbestrittener Höhepunkt des Treffens war die Begegnung mit der Schriftstellerin Marieluise Fleißer, und zwar nicht nur mit ihrem Werk, sondern auch mit ihr selbst, mit ihrer Persönlichkeit, denn nicht oft trifft man Autoren, deren Wesen so identisch ist mit ihrem Werk. Einfachheit, Klugheit, Unbestechlichkeit, Festigkeit, Eigenwilligkeit haben diese Frau geprägt, die in äußerer Schmucklosigkeit und bescheidener Natürlichkeit gar nicht wie eine »Dichterin« anmutet.

Die ›Stuttgarter Zeitung‹ 1965 anlässlich des 11. Meersburger Dichterinnentreffens des Bodenseeclubs 1965

Im Kriegseinsatz hat sie mehr über die Mentalität von Soldaten erfahren. Durch den Ehemann hat sie Einzelheiten erfahren, die damals passierten.«

Den Verlagswechsel vor Augen, der ihr vor allem durch das Entgegenkommen des Hanser Verlags ermöglicht wurde, begann Marieluise Fleißer 1967 eine Umarbeitung der ›Pioniere‹. Allerdings war ein junger Theater-Rabauke dann schneller und führte schon 1968 nach allerlei Hin und Her in bester Baal-Manier eine szenische Collage ›Zum Beispiel Ingolstadt‹ auf. Er hieß Rainer Werner Fassbinder und trieb die Marieluise-Fleißer-Renaissance in der Öffentlichkeit entschieden voran, wie auch seine Dramatiker-Kollegen Martin Sperr, dessen ›Jagdszenen

70 Marieluise Fleißer (rechts) mit Martin Sperr und dessen Frau Monika

aus Niederbayern‹ auch in der Verfilmung bestanden, und Franz Xaver Kroetz, der anfangs ihr Lieblingsschüler war, sich später aber zum geschäftstüchtigen Zyniker wandelte, ein Typus, den er auch glaubwürdig als Schauspieler in karikierenden, milieuausbeuterischen und letztlich doch nur affirmativen Fernsehproduktionen darstellte. Sein organisatorisches Verdienst um Marieluise Fleißer war die Anregung zu einer Gesamtausgabe ihrer Werke, die der neue Verlag ab 1972 prompt besorgte und die 2001 mit einem Briefband vorerst abgeschlossen sein dürfte. Hauptherausgeber ist der Theaterhistoriker Günther Rühle, der im Rahmen der Ausgabe immer wieder versuchte, Marieluise Fleißers Rang als zeitgenössische Schriftstellerin unter Beweis zu stellen.

1971 drehte Walter Rüdel den Film ›Das bemerkenswerte Leben der Marieluise Fleißer‹. Da war die weltweite Jugendrebellion schon weitgehend kanalisiert, aber noch nicht in Resignation erstarrt. Es regierte König Pop, dem Marieluise Fleißer einen hellsichtigen Aufsatz widmete, der als Fazit auf die heute immer klarer erkennbaren massenmedial manipulierten Verdummungs-Strategien und ihre katastrophalen Folgen hinwies.

Sie erkannte den sich verschnellernden Ablauf der wechselnden Moden bei den nachfolgenden Generationen. »Die Jungen sind weniger kompliziert, schon weil sie noch jung sind. Sie feiern Flitterjahre und irgendwann, wenn

Der König Pop! Eine verblüffende Dimension und reißerisch aufgemacht. Geht man ihr auf den Grund, erkennt man, was identisch ist. Ihr persönlicher Ausweg hat bei beiden die gleiche Wurzel. Die Popjugend und der König, beide kapseln sich von ihrer täglichen Wirklichkeit ab und realisieren eine Gegenwelt. Sie wollen vom Leben mehr als sie haben, und was sie haben, schieben sie von sich weg. Sie übertreiben ihr Ich. Sie wollen anders sein und spielen sich vor, daß sie die ganz anderen sind, als andere verkleiden sie sich. Sie stimulieren sich hinein in Ekstasen, welche ihre Fluchtwege sind. Beim König ist es ein körperlich unbewegtes Empfangen, das bloße Schaun und sich Versenken und Schwelgen. Die Jungen bewegen sich dabei, der Körper leitet es ab.   *Marieluise Fleißer, ›König Ludwig II.‹*

sie zu alt dafür werden, treten sie wieder ab. Schon sind
die Neuen da wie wiederkehrende Wellen. Wohin verschwinden die Früheren, wenn sie nicht mehr jung sind,
wenn keiner mehr mit ihnen mitspielen will. Werden sie
bloße Arbeitstiere und stumpf? Werden sie fernsehhörig?
Werden sie unzufriedene Menschen, unzufrieden bis in
die Wurzel, latentes Dynamit?«

Heute geht das latente Dynamit an vielen Stellen weltweit tagtäglich hoch. Menschen explodieren oder verur-

71   Marieluise Fleißer in den
60er Jahren

sachen Explosionen – religiöse Fanatiker, Spinner, gedemütigte Schulkinder, Waffennarren, Nationalisten, Kriminelle, Söldner und Soldaten. Wer sich noch beherrschen kann, rennt ins Kino und lässt sich dort Explosionen vorspielen oder simuliert sie am Computer. König Pop regiert. Die Tagesschauen berichten. Der Tod durch Tretminen ist ein Meister aus Schwaben.

Es gibt keinen vernünftigen Grund, Marieluise Fleißer nicht auch als politische, individual-anarchische Autorin der stillen Widerspenstigkeit und des kleinen zivilen Widerstandes zu lesen, nicht umsonst erinnert die eine oder andere Wendung in ihren Texten an das berühmte »I would prefer not to« von Melvilles Bartleby. Eine leider nicht allgemein vorauszusetzende Kenntnis der Schriften von Guy Debord und Raoul Vaneigem wäre dabei allerdings sehr hilfreich.

Wer Marieluise Fleißer kannte, weiß auch, dass sie immer versuchte, Kontakt zu den nachwachsenden Generationen zu bekommen, um ihre Haltung und ihren Lebensstil zu begreifen, vor allem natürlich, wenn sie sich literarisch betätigten. »Ich wünsche, daß mich vor allem die jungen Menschen hören, sehen, und lesen und daß sie durch mich einen Einblick bekommen in das, was hinter der Oberfläche steckt. Darüber hinaus schreibe ich für alle Aufgeschlossenen, die bereit sind, den Druck und die Ungerechtigkeit zu erkennen im Alltäglichen, im gar nicht

---

»Bartleby! Schnell, ich warte.«
Ich hörte ein langsames Scharren seiner Stuhlbeine auf dem teppichlosen Boden, und bald erschien er am Eingang seiner Einsiedelei.
»Was wird gebraucht?«, sagte er sanft.
»Die Kopien, die Kopien«, sagte ich hastig. »Wir wollen sie prüfen. Da« – und ich hielt ihm die vierte Abschrift entgegen.
»Ich möchte das lieber nicht tun«, sagte er und verschwand sachte hinter der Trennwand.

»I would prefer not to« – ich möchte das lieber nicht tun, ist die Formel des sanften, aber energischen Widerstandes, den der wie aus dem Nichts aufgetauchte Kopist und Schreiber Bartleby seinem Arbeitgeber immer wieder entgegensetzt. Vgl. Herman Melville, ›Bartleby‹

einmal so Seltenen, in Wirklichkeit Perfiden. Ich will ihnen den Blick dafür öffnen, was anders sein müßte. Ich lege Verletzungen bloß, die geheilt werden müßten. Ich habe keine wirkliche Hoffnung, sie zu heilen. Es wäre schön, könnte es nützlich sein, wenn man erkennt. Ich lasse mich nur zu gerne überraschen. Die Erfahrung ist anders.«

Es waren profilierte Vertreter der neuen Generation von Theatermachern, die 1972 Marieluise Fleißers Stück ›Fegefeuer in Ingolstadt‹ nun wieder auf die Bühne brachten, zuerst in Zürich, dann Hans Neuenfels und Peter Stein in Frankfurt und Berlin. »Der Erfolg, auf den sie lang genug warten mußte, tut ihr gut. Sie freut sich, daß sie vor allem von den jungen Autoren, Schauspielern und Regisseuren bewundert und geliebt wird. Für die jungen Leute wollte sie immer schreiben, sie haben schließlich auch die Wiederentdeckung in Gang gebracht. Sie geht wieder häufig, meist in Begleitung ihres Neffen, den sie zu ihrem Nachlassverwalter bestimmen wird, ins Theater. … Die Bestätigung ihrer Arbeit kommt spät, fast zu spät. Kein Jahr vergeht ohne gesundheitliche Beschwerden.« (Lutz)

Sie war nun vorrangig mit der intensiven Be- und Überarbeitung ihrer frühen Erzählungen und des Romans beschäftigt, der nun den neuen Titel ›Eine Zierde für den Verein‹ bekam und an manchen Stellen inhaltlich verdeutlicht, aber sprachlich nicht unbedingt verbessert wurde. Die Auswahl der Autorin für ihre ›Gesammelten Werke‹ war knapp, stellenweise fast zu kritisch. Kleinere frühe Arbeiten für Zeitungen nahm sie fast gar nicht auf, einige davon erschienen später in dem Sammelband ›Die List‹, den Bernhard Echte 1995 herausgab.

Weiterführende Literatur:
Herman Melville: ›Bartleby‹, 1853, dt. 1985
Guy Debord: ›Die Gesellschaft des Spektakels‹, 1967, dt. 1996
Raoul Vaneigem: ›An die Lebenden‹, 1990, dt. 1997
ders.: ›Handbuch der Lebenskunst für die jüngere Generation‹, 1967, dt. 1972
ders.: ›Das Buch der Lüste‹, 1979, dt. 1984

Schöner wohnen

Zur Wohnsituation nicht emigrierter Schriftsteller nach dem Zweiten Weltkrieg siehe auch die tragikomischen Passagen in Kasimir Edschmid, ›Das gute Recht‹, 1946, sowie bei Arno Schmidt und Ernst Kreuder passim.

Ingolstadt

Schon wieder Pioniere:

»Mit dem Jahre 1957 wurde Ingolstadt wieder Garnison, in deren Kasernen, Werkstätten und Verwaltungsstellen auch viele Zivilpersonen beschäftigt sind. Daß es ein Pionierbataillon war, das als erste Bundeswehreinheit einzog, wurde in der Stadt, deren Name mit dieser Waffengattung von jeher verbunden ist, beifällig aufgenommen. Truppe und Stadt halten heute in einem verständnisvollen Miteinander die Tradition der alten ›Schanz‹ aufrecht.« Rudolf Koller, langjähriger Kulturreferent der Stadt Ingolstadt in: ›Ingolstadt‹, o. J. (1973)

Ingolstadt, 23.12.1961 Würdigung Marieluise Fleißers anlässlich der Verleihung des Kunstförderungspreises:

»Frau Marieluise Fleißer ist bereits in jungen Jahren als vielversprechende Dramatikerin und Erzählerin im literarischen Deutschland hervorgetreten. Ihre zeitnahe, ungeschminkte Darstellung und ihre eindringlich-expressive Sprache haben schon in den Jahren von 1925 bis 1933 Gehör gefunden, teilweise sogar zu sensationellen Erfolgen geführt. Nach der ihr im Dritten Reich auferlegten Zwangspause, nach schweren Jahren, die an ihrer menschlichen und künstlerischen Reife geformt hatten, erschloß sich eine neue und tiefere Schicht ihrer schriftstellerischen Existenz. Sie drang in die seelischen Bezirke der ihr Gefühlsleben nach außen spröde abschließenden Menschen ihrer Heimat vor und wußte deren verborgene Regungen ebenso sicher anzurühren wie sie in unverfälschter Urwüchsigkeit in kraftvoller Gestaltung Ausdruck zu leihen verstand. Mit dem Schauspiel *Der starke Stamm* und den in der Nachkriegszeit entstandenen Erzählungen bereicherte sie die Mannigfaltigkeit ursprünglichen bayerischen Schrifttums und das Kolorit des im nördlichen Winkel Oberbayerns in der alten ›Schanz‹ beheimateten Menschenschlags und seiner Lebensart.«

An alle Deutschlehrer: Analysieren Sie mit Ihrer Klasse diesen Text anhand folgender Kriterien: Klischeehaftigkeit, Tümlichkeit (vgl. Brecht), schlechte Grammatik, Bürokratendeutsch, Übertreibungen, Entlastungsprosa etc. und zeigen Sie, warum »gut gemeint« das Gegenteil von gut ist.

1973 wurde sie als Mitglied der Akademie der Künste
Berlin in die Klasse Literatur aufgenommen. Ihren Plan,
durch eine Umarbeitung des ›Tiefseefisches‹, der den Titel ›Ehe in Ingolstadt‹ erhalten sollte, eine Trilogie Ingolstädter Stücke herzustellen, konnte sie nicht mehr vollenden. Sie erkrankte schwer und starb am 2. Februar 1974.

Ihre letzte schriftliche Äußerung, im Krankenhaus nie-
dergeschrieben, lautete: »Vogel friß oder stirb!« – Wer das
vorgesetzte Futter verschmäht, soll verhungern. Sie markierte kein harmonisches Ende, sondern zeigte, dass hier
eine Autorin mitten in der Arbeit aus dem Leben ging,

72 ›Fegefeuer in Ingolstadt‹.
Neuinszenierung von 1972

mitten im Versuch, ihr Werk für das große Buch der Literatur endgültig einzurichten. »Ich schreibe für jene, die entschlossen sind, zu erkennen. Ich schreibe für jene, die sich nichts vormachen lassen.«

73 Marieluise Fleißer 1973

Später Erfolg und Nachruhm
auch in Ingolstadt

Ich schreibe für jene, die entschlossen sind, zu erkennen. Ich schreibe für jene, die sich nichts vormachen lassen.«

Nur an diesem, ihrem eigenen Anspruch wird Marieluise Fleißer in Zukunft gemessen werden können. In ihm ist die individuelle Revolte der frühen Jahre, das anarchische Aufbegehren gegen falsche, pseudoautoritäre Strukturen begründet, das von Generation zu Generation immer wieder neu praktiziert werden muss, unabhängig von sonstigen gesellschaftlichen Verhältnissen. Diese definieren nur das jeweils mögliche Maß menschlicher Freiheit und müssen gegebenenfalls auch verändert werden. Erkenntnis kann in der physischen Aktion und in der intellektuellen Reflexion gleichermaßen gewonnen werden, in der Auslotung der menschlichen Triebe und in der künstlerischen Produktion.

Beides zusammen zu versuchen, führte bisher in fast jedem Zustand menschlicher Sozietät zu Sanktionen. Nur wenige Gesellschaftsformen und Institutionen halten radikale Selbstverwirklichung, die diesen Namen verdient, auch tatsächlich aus. Es war daher schon immer die Aufgabe der kreativen Außenseiter, dieses existenzielle Ziel beharrlich zu verfolgen. Ihre Zeitgenossen haben das – spätestens seit Diogenes – stets mit Misstrauen beobachtet. Und solange es Menschen gibt, die der Versuchung nicht widerstehen können, anderen ihre Weltsicht vorzu-

schreiben oder gar aufzuzwingen, ist keine Freiheit. Jede organisierte Religion, jede politische Partei, jeder Konzern, jede Bürokratie, jede Ideologie sowieso stellt einen Anschlag gegen die Freiheit des Einzelnen dar. Wer seine Aufgaben und Ziele im Leben selbst sucht, hat es überall schwer. Und wer die Mittel selbst zum Überleben – vom Leben ganz zu schweigen – nur mit aberwitziger Anstrengung aufbringen kann, ist von der Freiheit am weitesten entfernt. Das hindert ihn aber nicht, den Wunsch nach ihr umso heftiger zu fühlen und Mittel und Wege zu suchen, sie zu erlangen.

75 Um 1926

Marieluise Fleißer ist diesen Weg gegangen, als nicht-
bildungsbürgerliche Kreative; sie hat versucht, trotz aller
äußeren Niederlagen ihr Leben im Rahmen des Mögli-
chen selbst zu bestimmen, sie hat immer, auch in aus-
sichtslosen Situationen, dafür gekämpft, und sie hat geschrieben, wann immer es ihr physisch und psychisch
möglich war. Sie hat das nicht ohne Witz und List getan,
auch wenn sie sich später aus taktischen Gründen zunehmend eine Opferrolle zuschrieb. Ein Umstand, der im
Übrigen zeigt, dass sie stets Herrin ihrer Biographie war.
Niemand, der über ihr Leben schreibt, kommt darum

76 Im Jahr 1973

herum, Zitate aus ihrem Werk als Beleg für biographische Tatsachen zu nehmen. Manche vergessen das allzu leicht. Manche reden freilich zu rasch vom Scheitern oder vom Misserfolg und bringen auch hier Biographie und Leben durcheinander.

Es steht im dritten Jahrzehnt nach ihrem Tod mit Sicherheit fest, dass Marieluise Fleißer als Autorin der Moderne ganz gewiss nicht versagt hat. Im Gegenteil, die Erkundung des interpretatorisch kaum auszuschöpfenden Werks hat gerade erst begonnen. Das Interesse verschiebt sich allmählich von einer möglicherweise zu starken Betonung der Stücke, wie etwa in dem 1973 von Günther

Rühle herausgegebenen dicken Band ›Materialien zum Leben und Schreiben der Marieluise Fleißer‹ auf die umfangreiche Prosa und die Erforschung der Erstfassungen und der späteren Varianten.

Unsicherheit besteht nach wie vor auch in manchen Aspekten der Biographie, die wissenschaftlich noch viel genauer erfasst werden müssten. Insbesondere wären die biographischen Fakten und die literarischen Aussagen zur Biographie auf Tatsachengehalt, Stilisierungen und dokumentarische Belegbarkeit intensiver zu untersuchen.

Was sich freilich bei Abwägung der bekannten Fakten verbunden mit gründlicher Lektüre des inzwischen veröffentlichten Werkes – ein dicker Briefband mit neuen Funden wird zudem noch 2001 erscheinen – abzeichnet, ist die Sicherheit, dass Marieluise Fleißer in ihren literarischen Anfängen nicht nur das Opfer männlicher Wüstlinge und Literaten war, sondern eine weithin anerkannte progressive Dramatikerin und auch schon Prosaistin, dazu eine in das personelle Geflecht der damaligen künstlerischen Avantgarde voll integrierte Autorin. Der Provinz, die sie kenntnisreich beschrieb und die ihr literarisches Sujet war, suchte sie damals mit Macht zu entkommen. Dass es ihr nicht auf Dauer gelang, war bestimmt nicht ihre Schuld allein. »Ultra posse nemo tenetur«, sagte einst ein gescheiter Lateiner und markierte damit die Grenze des Erträglichen. Armut trotz Erfolg, Unglück in Beziehungen, Unterdrückung durch Politik, Abhängigkeit durch Ehe – das war ohne Substanzverluste nicht auszuhalten.

Wer hier von einem Scheitern spricht, mag auf den ersten Blick Recht haben, impliziert aber, Marieluise Fleißer

◄ 77 Eingang zum Fleißerhaus in
der Kupferstraße 18

hätte einen gutbürgerlichen Karrierehintergrund gehabt, was so mit Sicherheit nicht stimmt. Das späte äußere Erscheinungsbild der Dichterin, ihre schlichten und bescheidenen Umgangsformen mögen zu diesem Missverständnis beigetragen haben. Denn Marieluise Fleißer war auf vielfache Weise untypisch. So war sie in ihrer Jugend bestimmt kein Opfer im Bildungsbereich, sondern gehörte als weibliches Handwerkerkind und Schriftstellerin zu einer schmalen Aufsteigerelite, die sogar studieren durfte.

Sie nutzte diesen Freiraum für extreme, aber immer auf das Schreiben hin gerichtete persönliche Erfahrungen. Marieluise Fleißers Literatur war von Anfang an un-, ja antibürgerlich. Sie war individual-anarchisch, indem sie auf Erkenntnis durch die eigene sinnliche Begegnung mit anderen Menschen setzte und diese exakt beschrieb, in all ihren Widersprüchen und Härten. Marieluise Fleißer schaute mit ihrem »Röntgenblick« nur zu genau hinter die Dinge, deckte Herrschaftsverhältnisse zwischen den Geschlechtern in einem Milieu auf, das sich für fortschrittlich hielt und es in vielen Bereichen auch war, nur nicht im Privaten. Dieses scheinbar Private als das Rückzugsgebiet des autoritären Charakters erfasst zu haben, ist eine bedeutende Erkenntnisleistung, die sich Jahrzehnte später in der Jugendrevolte der Sechzigerjahre noch einmal bestätigen und dann erstmals breiter bearbeitet werden sollte.

Auf ein bürgerliches Publikum zielte diese Literatur nicht, bestenfalls auf den fortschrittlichen Teil. Und auch der hat sich, wie die Absatzzahlen zeigen, schwer getan. Denn bürgerliche Literatur zielt auf das Einverständnis

Ich bin mit meinem Leben in eine unfreiwillige Abgeschlossenheit geraten, in dieser Stadt werde ich nie Menschen haben, wie ich sie brauche, und weil ich so gut wie keinen Menschen wirklich erlebt habe, darum kann ich jetzt mit der grössten Anstrengung keine Geschichten nach der Natur schreiben.

In einem Brief an Georg Hetzelein, 4.2.1948

der Leser. Marieluise Fleißers Texte hingegen schaffen Differenzen, erzeugen Dissonanzen und provozieren Dissens. Einverständnis mit Marieluise Fleißer aufgrund existenzieller Erfahrungen konnten nur unbürgerliche Außenseiter haben, die ihre Texte als real zu begreifen und mit ihren realen Erfahrungen zu korrelieren wussten. Zu dieser Erfahrung hätte übrigens auch bei günstigem Verlauf das Scheitern gehört, das laut Rolf Schwendter jeder echten Avantgarde von Anfang an implementiert ist. Es gibt bis jetzt keine Gesellschaftsform, in der die tatsächlich radikalen und visionären Künstler nicht an der Wirklichkeit verzweifeln und vom materiellen Elend bedroht sind. Da helfen noch so viele noch so gut gemeinte Förderpreise nicht, die ja immer nur im Konsens für Konsensfähiges vergeben werden. Dass Marieluise Fleißer im späten Alter als konsensfähig galt, lag zudem nicht an dem, was sie schrieb, sondern an einer kurzzeitigen kulturpolitischen Modernisierung der bundesrepublikanischen Gesellschaft, die derzeit gerade wieder Schritt für Schritt zurückgenommen wird.

Das lebensgeschichtliche Scheitern der Fleißer war mit Sicherheit nicht im Literarischen begründet, sondern im misslungenen sozialen Aufstieg aus eigener Kraft. Als Schriftstellerin selbstbestimmt und ökonomisch unabhängig arbeiten zu können, war ihre persönliche Utopie, ein Ziel, für das sie alle Anstrengungen bis fast zur Selbstverleugnung in Kauf nahm. Doch wer keinen entsprechenden bildungsbürgerlichen Hintergrund hatte, tat sich damals noch schwerer als heute schon wieder, über die Literatur etwas Besseres zu werden. Diese entscheidende

Zum Arbeiten komme ich überhaupt nicht, zum Briefeschreiben auch nicht. Jeden Sonn- und Feiertag bin ich vom Vormittag bis in die Nacht hinein auf die Wirtshausbesuche meines Mannes festgenagelt, am Montag leide ich unter den Nachwirkungen, von Zeit zu Zeit stürzt sich jemand aus der engen Verwandtschaft oder der Wohngemeinschaft mit einem ganzen Schwarm von Aufregungen auf mich, der eine langwierige Abwicklung braucht. *Notiz vom 29.5.1951*

Tatsache, die viel tiefer geht als alles Psychologisieren und alles Rekurrieren auf die Simpel-Formel: »böser Mann unterdrückt gute Frau«, wird von einer wieder arg verbürgerlichten Forschung viel zu wenig beachtet.

Dazu gehört auch der Umstand, dass und wie sie von der theoretisierenden bürgerlichen Frauenbewegung inzwischen eingeholt wird. Denn in ihrer Jugend, wiewohl sie mit der damaligen bürgerlichen Frauenbewegung nichts zu tun haben wollte, war sie längst emanzipiert: weiblich, Studentin, Berufsschriftstellerin – eben kein kunstseidenes Mädchen!

Es fällt zeitweise schwer, die neueren Arbeiten von feinsinnigen Töchtern aus gutem Hause zu lesen, deren eigene Biographie offenbar bruchlos vom Abitur zur Promotion verlief und die somit niemals auch nur einen Milieuwechsel riskiert haben. Dabei ist Marieluise Fleißers Werk bei weitem zu vielschichtig und in so vieler Hinsicht untersuchungsbedürftig, um es einer einseitig feministisch orientierten Forschung allein zu überlassen. Hier entstand in der Sekundärliteratur so manche Rezeptions-Schräglage, die Ina Brueckel knapp, aber treffend auf den Begriff brachte.

»Nicht zuletzt die Rezeption ihrer Werke war und ist unbalanciert. Speziell die feministische Rezeption hat

zwar entscheidend zur Spurensicherung beigetragen, dann jedoch durch die Ikonisierung einer geopferten Autorin und die Festschreibung ihrer Leidensgeschichte den Blick auf die Vielschichtigkeit und Vieldeutigkeit, vor allem auch auf die grundlegenden Widersprüche des Werks, erneut verdunkelt.«

Was den meisten Arbeiten zu Marieluise Fleißer auffällig fehlt, ist die (literar-)historische Dimension. Die Unmöglichkeit, als unangepasste Einzelgängerin im Literaturbetrieb Erfolg zu haben, ließe sich sinnfälliger und unaufwendiger durch (Text-)Vergleiche mit ihren erfolgreichen Antipodinnen von Ina Seidel bis Gertrud von Le Fort darstellen. Der Unterschied zwischen literaturpolitischem Opportunismus und Erhabenheits-Geschwafel einerseits und echter sprachlicher Potenz dürfte nicht schwer herauszuarbeiten sein.

Das andere, vielleicht entscheidende Defizit resultiert aus der bereits monierten Unkenntnis der Sprache, in der Marieluise Fleißer lebte und schrieb. Ein nur mit dem Schriftdeutschen vertrauter Leser wird immer unfähig sein, die entscheidenden Differenzen zwischen der Umgangssprache und dem diffizilen Sprachgestus, den Marieluise Fleißer daraus extrahiert, zu erkennen, geschweige denn zu bewerten. Hier sind entschieden mehr sprachliche Kenntnisse zu erwerben und gesteigerte Sensibilitäten einzufordern.

Dann käme es nicht zu Trugschlüssen wie dem, das »Sprechen der Figuren« diene »kaum einer interpersonellen Verständigung« (Brueckel) und Marieluise Fleißer vollziehe eine »radikale Destruktion der bürgerlichen Mittei-

◄ 78 1996: Die Fleißer-Gesellschaft konstituiert sich.

lungs- und Verständigungsillusion«. Das sind bestenfalls
vorliterarische Prämissen der Fleißerin, denn ihre Figuren
verstehen sich untereinander ganz genau, bis in die feinsten
Nuancen; sie sind ja alle keine Bürger, oft nicht einmal
Kleinbürger, sprechen ihre eigene, nicht deren Sprache.
Marieluise Fleißers literarische Leistung besteht nicht
zuletzt darin, diesen vormals rein oralen Sprachgestus
durch sorgfältige Wiedergabe, durch Stilisierung und
Nuancierung, die auf intimer Kenntnis beruhte, schriftfähig
gemacht zu haben. Zudem lieferte sie damit wichtiges
Material für eine Mentalitäts-Geschichte der kleinen
Leute, besonders in Bayern.

Ihre dichterische Kompetenz lag insbesondere in der
Präzision der hoch verdichteten und mit einer Vielzahl
von Bedeutungen aufgeladenen, nur scheinbar so einfachen
literarischen Texte, die sie so herstellte. Hier gewann
sie ihre einzige und letzte individuelle Freiheit,
hier wurde sie aber auch gesellschaftlich, indem sie einer
Schicht von Menschen zu literarischer Präsenz verhalf,
die davor kaum jemals wahrgenommen, geschweige denn
ernst genommen worden war.

Nicht zuletzt regte sie durch ihre Art des Schreibens
jüngere Autoren und Autorinnen entscheidend an, den
schweren Weg in die (Literatur-)Geschichte selbst zu beschreiten
– mit unsicherem Ergebnis, wie Elfriede Jelinek
mutmaßte.

»Auch wenn ich mich halbwegs durchgesetzt habe –
das Werk einer Frau kann sich nicht in die Geschichte
einschreiben. Das beste Beispiel ist die Marieluise Fleißer,
die halte ich für wichtiger als Brecht. Sie ist sicher die be-

In den jungen Jahren hatte ich ein ziemliches Glück, die verdammte
Politik kam dazwischen und machte mir alles kaputt.
Dann war ich tief in den unteren Volksschichten und ihrer Umgangssprache
vergraben, an einen anderen Ort konnte ich mich
nicht versetzen. Da nahm ich die Umgangssprache als Spracherlebnis
und versuchte sie zu reiben, bis sie vor Lebendigkeit
sprühte.

Marieluise Fleißer (GWI, S. 453)

deutendste deutschsprachige Schriftstellerin dieses Jahrhunderts, und ich habe viel von ihr gelernt. Also, wenn der Fleißer das wiederfährt, diese Nichtbeachtung, darf ich von mir überhaupt nicht reden.« (›Musik und Theater‹ 1994)

Es wird sich vielleicht in ferner Zukunft ein solches Zitat auch als Ausdruck einer Nord-Süd-Problematik lesen lassen, die die deutsche Literatur-Geschichtsschreibung seit der Aufklärung plagt. Seit damals mochte man den Süddeutschen ob ihrer meist traurigen politischen Verhältnisse nur ungern eine fortschrittliche oppositionelle Literatur bescheinigen, weil das nicht ins Konzept passte. Die Ausläufer dieser Mentalität, verbunden mit solider Unkenntnis, sind bis heute wirksam, wenn etwa ein Kultur-Redakteur des Bayerischen (sic!) Rundfunks auf die glorreiche Idee kommt, eine Nichtbayerin möge einen Essay zu Marieluise Fleißer schreiben, damit sie endlich »aus dieser Ecke herauskomme«. Nicht weniger borniert

Zum Dialekt in der Literatur
Der vulgäre Habitus des Dialekts sprengt das Zelebrierende der Hochsprache, zieht niederstes und gewöhnlichstes Sprachgut in die Dichtung herein, gibt aber zugleich einem höchst artifiziellen Kunstwillen seinen Spielraum. Die exotischen Schriftbilder lenken die Aufmerksamkeit des Lesers auf jedes einzelne Wort, sie verrätseln es jedoch gleichzeitig und rauben ihm seine Vertrautheit.

Karl Riha 1986 im Nachwort zu:
›wer dichten kann, ist dichtersmann‹. reclam

Ja, es ist eine Sensation, wenn ein junger Wiener Dichter über Dinge aus Wien in Wiener Mundart schreibt. Unser Poetennachwuchs befleißigt sich im allgemeinen einer möglichst abgeschliffenen Themenstellung und erhofft sich von dieser Farblosigkeit, daß die nirgends beheimateten Werke dann allerorten verstanden, gespielt und gelesen werden mögen. Die großen Amerikaner, Franzosen und Engländer machen es bekanntlich umgekehrt: die schreiben so lokal wie möglich. Und ihre Werke, die in ihrem Ursprungsort stimmen, stimmen dann meist auch überall anderswo in der Welt.

Otto F. Beer, 1958

ist es, wenn etwa ein Theaterkritiker der ›Süddeutschen Zeitung‹ anlässlich eines Stückes über Marieluise Fleißer die »angenehme Dialektfreiheit« einer Darstellerin rühmt, womit er vermutlich nicht meinte, jene sei frei in ihrem sprachlichen Umgang gewesen, sondern habe Zentraldeutsch gesprochen.

Es hat mehr mit intellektueller Notwehr gegen eine unverschämt dumme Kolonialisierungs-Mentalität als mit einem gern unterstellten »Patriotismus« zu tun, wenn solchen Verzerrungen entschieden widersprochen wird. Im Übrigen ist es nicht nur die gelegentliche Verwendung des Dialekts, die Marieluise Fleißer zu einer bairischen Autorin macht.

Bairische Literatur geht immer aus einer angestammten (in ganz seltenen Ausnahmefällen erworbenen) bairischen Sprachhaltung und Mentalität hervor. Sie beschäftigt sich häufig, aber nicht immer und vor allem nicht notwendig mit bayerischen Gegenständen und Verhältnissen.

Niemand will Marieluise Fleißer der deutschsprachigen Literatur rauben und ihr schon gar nicht den Rang absprechen, der ihr gebührt. Aber dieser Rang basiert un-

ROHLEDER: Woran liegt es Ihrer Ansicht nach, daß der große Berliner Publikumserfolg vom *Starken Stamm* nicht an andere Bühnen weitergegangen ist?
FLEISSER: Einmal ist der Dialekt nicht überall in Deutschland zu verstehen, und die Bühnen haben nicht die Schauspieler, die Dialekt sprechen können … Ich habe selber auch schon eine hochdeutsche Fassung gemacht, ich empfinde sie als weniger vital. Unglücklicherweise haben wir eine schiefe Vorstellung von Stücken im Dialekt, wir müssen dabei ans Dritte Reich denken. Ich finde das falsch. Der Dialekt war schon vorher da und schon immer, solang es sprechende Menschen gibt, er kommt aus dem Unbewußten heraus. Der Dialekt gibt viel mehr her als Schriftdeutsch, ich meine seelisch, und hat die Möglichkeit, Zwischentöne auszudrücken, welche die Schriftsprache nicht mehr erreicht. Darum liebe ich den Dialekt, auf den Dialekt lasse ich nichts kommen. Trotzdem werde ich nie mehr Dialekt schreiben aus dem einfachen Grund, weil ich schließlich will, daß meine Arbeit auch verbreitet werden kann.   *Mat., S. 345*

umstößlich auf ihrer bairischen Besonderheit und Einzigartigkeit. Gerade der Umstand, dass sie keine Allerweltsliteratin war, sichert ihren Rang, auch als Teil einer fortschrittlich verstandenen Weltliteratur, wenn ihre Texte endlich für Millionen Unterprivilegierter lesbar gemacht würden.

Irgendwann wird auch ein endlich aufgeklärtes und freier denkendes Ingolstadt dankbar und froh sein können über diese mutige Rebellin, die sich so vehement in die große, ernsthafte Literatur eingeschrieben hat. Solange es »die da oben« und »die da unten« gibt, wird man sie immer lesen müssen. Und danach erst recht, zur Erinnerung an vergangene schlechte Zeiten.

Dank für Rat und Tat an: Ingrid Eiden, Klaus Gültig, Alfred und Karin Gulden, Monika Dimpfl, Klaus Weisenbach und den gesamten Vorstand der Marieluise Fleißer-Gesellschaft Ingolstadt

Zeittafel

1901 22./23. November. Marieluise Fleißer kommt in
Ingolstadt als Tochter
von Heinrich und Anna
Fleißer, geb. Schmidt, zur
Welt.
1914 Internat in Regensburg
1920 Abitur. Studium in München
1922 Ende der Beziehung
mit Alexander Weicker.
Bekanntschaft mit Lion
Feuchtwanger
1923 Erste Veröffentlichung
1924 Erstes Treffen mit Bertolt
Brecht. ›Die Fußwaschung‹
1926 Uraufführung der ›Fußwaschung‹ als ›Fegefeuer
in Ingolstadt‹. Rentenvertrag mit dem Ullstein Verlag
1927 Berlin (auch im zweiten
Halbjahr. Indiz: Reise
nach Kolberg im Septem-
ber). Im November in
Ingolstadt
1928 Uraufführung der ›Pioniere in Ingolstadt‹
(Dresden). Verlobung
mit Josef Haindl
1929 Theaterskandal um die
Brecht-Version der ›Pio-
niere‹ in Berlin. Ein Band
Erzählungen unter dem
Titel: ›Ein Pfund Orangen‹.
Entlobung mit Haindl,
Verlobung mit Hellmut
Draws-Tychsen. Ende Juni
bis mindestens 7. Juli Aufenthalt in Ingolstadt. Reise
nach Schweden aller

Wahrscheinlichkeit nach
von Mitte Juli bis September. Indiz: Brief des
Vaters nach Schweden
vom 27. August
1930 Einspruch Brechts gegen
das satirische Stück ›Der
Tiefseefisch‹, daraufhin
abgebrochen
1931 Einziger Roman: ›Mehlreisende Frieda Geier‹,
später umgearbeitet zu:
›Eine Zierde für den
Verein‹
1932 ›Andorranische Aben-
teuer‹, Reisebuch. Selbstmordversuch. Rückkehr
nach Ingolstadt
1934 Liebschaft mit Georg
Hetzelein
1935 Heirat mit Josef Haindl
1937 Drama ›Karl Stuart‹
1938 Nervenzusammenbruch
1943 Zwangsverpflichtung in
eine Rüstungsfabrik
1944 ›Stuart‹ vollendet, Komödie ›Der starke Stamm‹
begonnen
1949 Neue Erzählungen
1950 Uraufführung ›Der starke
Stamm‹ durch Fürsprache
Brechts
1952 Erster Preis des SWF-
Erzählwettbewerbs
1953 Literaturpreis der Bayerischen Akademie der
schönen Künste
1958 Witwe. Herzinfarkt, an-
schließend drei Monate
im Krankenhaus

1961 Kunstförderungspreis der Stadt Ingolstadt

1963 ›Avantgarde‹

1966 Aufführung ›Der starke Stamm‹ (hochdeutsche Fassung) in Berlin

1968 Fassbinder-Aufführung ›Zum Beispiel Ingolstadt‹

1969 ›Abenteuer aus dem Englischen Garten‹. Überarbeitung des Frühwerks

1970 Uraufführung der Neufassung der ›Pioniere in Ingolstadt‹

1971 Uraufführung der Neufassung von ›Fegefeuer in Ingolstadt‹

1972 ›Gesammelte Werke in drei Bänden‹

1974 2. Februar. Marieluise Fleißer stirbt in Ingolstadt

1980 Uraufführung von ›Der Tiefseefisch‹ in Wien

1981 Irmgard Keun erste Preisträgerin des Marieluise Fleißer-Preises der Stadt Ingolstadt (1986 Uwe Dick; 1989 Herta Müller; 1992 Thomas Hürlimann; 1995 Robert Schneider; 1998 Gert Heidenreich)

1996 23. November. Gründung der Marieluise-Fleißer-Gesellschaft

Einige Daten aus der kurzen Biographie Marieluise Fleißers sind aufgrund neuer Erkenntnisse und freundlicher Mitteilung von Klaus Gültig korrigiert worden.

Literatur

Primärliteratur und Quellen

Marieluise Fleißer: ›Abenteuer aus dem Englischen Garten‹. Geschichten, Frankfurt/M. 1983

Marieluise Fleißer: ›Andorranische Abenteuer‹, Berlin 1932

Marieluise Fleißer: ›Aus dem Nachlaß‹. Gesammelte Werke. Vierter Band. Hg. von Günther Rühle und Eva Pfister, Frankfurt/M. 1994

Marieluise Fleißer: ›Aus der Kupferstraße. Ingolstädter Texte aus 50 Jahren‹, Ingolstadt o. J.

Marieluise Fleißer: ›Avantgarde‹. Erzählungen. München 1963

Marieluise Fleißer: ›Briefe‹. Gesammelte Werke. Fünfter Band. Hg. von Klaus Gültig u. Günther Rühle, Frankfurt/M. 2001

Marieluise Fleißer: ›Gesammelte Werke in drei Bänden‹. Hg. von Günther Rühle, Frankfurt/M. 1972

Marieluise Fleißer: ›In die Enge geht alles. Marieluise Fleißers Gang in die innere Emigration‹. Fragment Walper, Skizzen und Briefe aus dem Nachlaß. Hg. von Eva Pfister, Berlin 1984

Marieluise Fleißer: ›Die List. Frühe Erzählungen‹. Hg. von Bernhard Echte, Frankfurt/M. 1995

Marieluise Fleißer: ›Mehlreisende Frieda Geier. Roman vom Rauchen, Sporteln, Lieben und Verkaufen‹, Berlin 1931

Marieluise Fleißer: ›Nachlaß auf CD-ROM‹, Wissenschaftliche Bibliothek im Stadtarchiv Ingolstadt, Medienarchiv

Marieluise Fleißer: ›Ein Pfund Orangen und neun andere Geschichten aus Ingolstadt‹, Berlin 1929

Marieluise Fleißer: ›Der starke Stamm‹. Dialekt-Fassung. Manuskript

Marieluise Fleißer: ›Der Tiefseefisch‹. Text. Fragmente. Materialien, Frankfurt/M. 1980

Marieluise-Fleißer-Gesellschaft (Hg.): ›Fleißers Ingolstadt. Eine literarische Topographie‹, Ingolstadt 1988

›Materialien zum Leben und Werk der Marieluise Fleißer‹. Hrsg. von G. Rühle, Frankfurt/M. 1973

Schriften der Marieluise-Fleißer-Gesellschaft 1 – 3, Ingolstadt

außerdem:

Hellmut Draws-Tychsen:
›Meer-Gedichte‹, Diessen
vor München 1955

Hellmut Draws-Tychsen:
›Opernprobe-Ringelrei-
hen. Zwei Komödien in
Versen‹, München 1963

Kurt Pinthus: ›Der Zeitgenosse‹,
Marbach 1971

Paula Schlier: ›Petras Aufzeichnungen oder Konzept
einer Jugend nach dem
Diktat der Zeit‹, Innsbruck
1926

Alexander Weicker: ›Fetzen‹,
München 1921

Sekundärliteratur

Heinz Ludwig Arnold (Hg.):
›Marieluise Fleißer‹. text +
kritik 64, Göttingen 1979

Ina Brueckel: ›Ich ahnte den
Sprengstoff nicht. Leben
und Schreiben der Marie-
luise Fleißer‹. Freiburg
1996

Elke Brüns: ›außenstehend, un-
gelenk, kopfüber weiblich.
Psychosexuelle Autorposi-
tionen bei Marlen Haus-
hofer, Marieluise Fleißer
und Ingeborg Bachmann‹,
Stuttgart 1998

Angelika Führich: ›Aufbrüche
des Weiblichen im Drama
der Weimarer Republik.
Brecht-Fleißer-Horvath-
Gmeiner‹, Heidelberg 1992

Elfi Hartenstein / Annette
Hülsenbeck: ›Marieluise
Fleißer. Leben im Spagat‹,
Berlin 2001

Sylvia Henke: ›Fehl am Platz.
Studien zu einem kleinen
Drama im Werk von
Alfred Jarry, Else Lasker-
Schüler, Marieluise Fleißer
und Djuna Barnes‹, Würz-
burg 1997

Donna L. Hoffmeister: ›The
Theater of Confinement:
Language and Survival in
the Milieu Plays of Marieluise Fleißer and Franz
Xaver Kroetz‹, Columbia
1983

Friedrich Kraft (Hg.): ›Marieluise Fleißer. Anmerkun-
gen, Texte, Dokumente‹,
Ingolstadt 1981

Günther Lutz : ›Die Stellung
Marieluise Fleißers in der
bayerischen Literatur
des 20. Jahrhunderts‹,
Frankfurt / M. - Bern
1979

Günther Lutz: ›Marieluise
Fleißer. Verdichtetes
Leben‹, o. O. 1989

Gast Mannes: ›Marieluise
Fleißer & Alexander
Weicker. »Ich bin stolz auf
ihn, solange ich lebe««‹,
Echternach 1999

Muray McGowan: ›Marieluise
Fleißer‹, München 1987

Maria E. Müller / Ulrike Vedder
(Hg.): ›Reflexive Naivität.
Zum Werk Marieluise
Fleißers‹, Berlin 2000

Jutta Sauer: ›»Etwas zwischen
Männern und Frauen«.
Die Sehnsucht der Marie-
luise Fleißer‹, Köln 1991

sissi tax: ›marieluise fleißer.
schreiben, überleben. ein

biographischer versuch‹.
Basel, Frankfurt/M. 1984
Gérard Thiériot: ›Marieluise
Fleißer (1901–1974) et le
théâtre populaire critique
en Allemagne‹, Bern 1999
Wilhelm von Sternburg: ›Lion
Feuchtwanger. Ein deut-
sches Schriftstellerleben‹,
Berlin und Weimar 1994
Anne Waterstraat: ›»Ein System
und keine Gnade«. Zum
Zusammenhang von Got-
tesbild, Sündenverständnis
und Geschlechterverhältnis
in ausgewählten Texten
Marieluise Fleißers‹,
Frankfurt/M. 2000
Gisela von Wysocki: ›Die Fröste
der Freiheit. Aufbruch-
phantasien‹, Frankfurt/M.
1980

außerdem:

Gisela Dischner: ›Sozialisations-
theorie und materialisti-
sche Ästhetik‹, in: ›Das
Unvermögen der Realität‹,
Berlin 1974
Hiltrud Häntzschel: ›Männer,
Marktwert, Manuskripte‹,
in: Edda Ziegler (Hg.):
›Der Traum vom Schrei-
ben‹, München 2000

Hörbuch

›Marieluise Fleißer liest ihre
Erzählung Die Witfrau (Des
Staates gute Bürgerin)‹.
BR-Originalaufnahme
von 1961, o. O./o. J. (1998)

Hörspiele

›Abenteuer aus dem Englischen
Garten‹, SFB/BR 1984
›Der starke Stamm‹, BR 1959
›Pioniere in Ingolstadt‹,
BR/SFB 1970
›Der starke Stamm‹ (Neupro-
duktion), BR 1979

Filme

Walter Rüdel: ›Das bemerkens-
werte Leben der Marie-
luise Fleißer‹, BRD 1971
Marie Bardischewski: ›Die
Fröste der Freiheit. Marie-
luise Fleißer 1901–1974‹,
BRD 1995
R. W. Fassbinder: ›Pioniere in
Ingolstadt‹, DVD USA 2001

Internet

www.fleisser.com (e-mail:
vorstand@fleisser.com)
www.ingolstadt.de (e-mail:
stadtmuseum@ingolstadt.de)

Register

Textnachweis

Die hier angegebenen Zitate von Marieluise Fleißer erfolgen mit freundlicher Genehmigung des Suhrkamp Verlags, Frankfurt/M., aus folgenden Werken: S. 67, Kasten; S. 68, Kasten o.; S. 69, Kasten; S. 85, Z. 11; S. 86, Kasten; S. 87, Kasten; S. 93, Kasten; S. 180, Kasten: *Gesammelte Werke, Bd. I* (© Suhrkamp Verlag Frankfurt/M. 1972). S. 14, Kasten; S. 59, Kasten; S. 65, Z. 15; S. 89, Z. 21: *Gesammelte Werke, Bd. II* (© Suhrkamp Verlag Frankfurt/M. 1972). S. 25, Z. 20; S. 61, Kasten; S. 62, Kasten; S. 64, Z. 2; S. 65, Z. 4; S. 82, Kasten; S. 83, Kasten; S. 85, Z. 4; S. 100, Z. 22; S. 102, Kasten; S. 102, Z. 3; S. 105, Kasten; S. 105, Z. 8; S. 143, Kasten; S. 143, Z. 21: *Gesammelte Werke, Bd. III* (© Suhrkamp Verlag Frankfurt/M. 1972). S. 19, Kasten; S. 20, Kasten; S. 22, Kasten; S. 24, Z. 5; S. 69, Z. 16; S. 96, Kasten; S. 164, Z. 25; S. 166, Z. 21: *Gesammelte Werke, Bd. IV* (© Suhrkamp Verlag Frankfurt/M. 1994). S. 36, Z. 5; S. 40, Z. 11; S. 59, Z. 3; S. 60, Z. 22; S. 133, Z. 18; S. 148, Kasten; S. 150, Kasten; S. 150, Z. 11; S. 150, Z. 2; S. 153, Z. 13; S. 162, Z. 18): *Gesammelte Werke, Bd. V* (© Suhrkamp Verlag Frankfurt/M. 2001). S. 30, Z. 14; S. 31, Z. 5; S. 31, Z. 15; S. 32, Z. 3; S. 33, Z. 6; S. 34, Z 1; S. 39, Z. 1; S. 42, Z. 10; S. 42, Z. 2; S. 50, Z. 17; S. 87, Z. 24; S. 89, Z. 8; S. 98, Kasten; S. 129, Z. 14; S. 143, Z. 13; S. 182, Kasten: *Materialien zum Leben und Werk der Marieluise Fleißer* (© Suhrkamp Verlag Frankfurt/M. 1973). S. 107, Kasten; S. 110, Kasten: *Der Tiefseefisch* (© Suhrkamp Verlag Frankfurt/M. 1980).

Bildnachweis

APE, Overath 5 / AKG, Berlin 12, 20, 22, 53, 55, 66 / Helmut Bauer, Ingolstadt 35, 52, 57, 63, 77 / Bildarchiv Preußischer Kulturbesitz, Berlin 19 / Roman von Götz, Regensburg 2 / Münchner Stadtmuseum 33 / Stadtarchiv Ingolstadt 1, 3, 6 – 11, 13 – 18, 23, 26, 27 – 32, 36 – 39, 41 – 50, 54, 56, 58, 60, 61 (Foto: Jean-Marie Bottequin), 62, 64, 65, 67 – 72, 74 – 76, 78, 79 / Süddeutscher Verlag, Bilderdienst, München 34 / Ullstein Bild 40, 51 (Foto: Otto Umbehr), 59, 73

dtv portrait

Herausgegeben von Martin Sulzer-Reichel
Originalausgaben

**Biographien bedeutender Frauen und Männer aus
Geschichte, Literatur, Philosophie, Kunst und Musik**